子どもの
ウェルビーイングと
ムーブメント教育

Children's Well-being and
Movement Education

大橋さつき 著

小林芳文 監修

大修館書店

　もう半世紀以上も前になりますが，障害をもった子どもたちの教育や支援
に，世間がより目を向け始めた頃，私もこの世界に入っていきました。当時，
学校や療育現場で一般に行われていた指導法は，障害の克服や発達の遅れを
取り戻すために当たり前と思われていた訓練的な方法で，時にそれは，子ど
もにとって非常に辛いもので，涙する様相に遭遇して強いショックを受けた
ことを覚えています。心を殺して無理に訓練を強いる方法のその効果以上に
問題はないのだろうか，本当にそれが最適なのだろうかと疑問を抱くことが多々
ありました。子どもの尊厳を大切にした教育はいかにあるべきか，子ども目
線で柔軟に行われる実践があれば，子どもを生き生きとさせ発達の好循環を
つくることができるはずであるという信念が私の中に芽生え始め，子どもに
寄り添い自発性を育む教育支援の実践法を模索して国内外の状況を探ってい
ました。その中で，「遊び」に付加価値をもたらしたと言われる，フロスティッ
グ博士の「ムーブメント教育」に出逢い，子どもの全体を包みこむ視座から
発達を支援する教育理念に感銘を受けました。フロスティッグ博士の教育観
は，人間相互の「交互作用」を重視するもので，人間尊重と世界平和の心を
基礎にした「幸せ」な人格の育成を目指し，子どもの権利を尊重し自己実現
を求めることが保障される教育のあり方を説いていました。フロスティッグ
博士との出逢いから，欧米の研究者や実践者との交流にも発展し，楽しさや
喜びを重視し，家庭や地域における生活の豊かさをゴールに据えている教育
方法とその哲学に益々惹かれていきました。今日叫ばれているインクルーシ
ブ教育の先取りとなる教育実践に巡り合ったのだと感じています。

　その後，私たちの国内の活動においても，特別なニーズをもつ多くの子ど
もやその保護者との出逢い，養護学校（当時）の教員や保育士との交流，更
には，関連する分野の専門家との学び合いの中で少しずつ答えが出せるよう
になりました。そこには，ゆっくりと発達する個性的な子どもがいること，
弱さを目立たせる教育や指導者中心の介入的なかかわりではなく，子どもの
興味や好きなことを活かし得意なことに結びついた活動にこそ可能性がある
こと，遊具や音楽の活用によって自然にかかわりたくなる環境や笑顔がいっ

ぱいの受容的な遊びの場があれば，自ずと発達を促す関係性が生まれるということ等，日々の取り組みの中で一つずつ積み重ねるように，私たちの実践学の土台ができていきました。そして多くの研究同人と共に，家族支援を視野に入れた日本独自のアセスメントや障害の重い児（者）や医療的ケア児に寄り添えるムーブメントプログラムの開発，IEP（個別支援教育）に活用できる書物やムーブメント遊具を含む実践学として世に送り出すことができました。障がい児や医療的ケア児を含む全ての子どもたちの健やかな成長を支えるために，家族や地域コミュニティーが幸せな環境であることの重要性を唱え，それらを実現するための具体的な取り組みとして，日本各地で実践を展開してきました。

　さて，本書の著者である大橋さつきさんは，私たちの取り組みに参加し，理論と方法論の構築を継承しながら，新しい風を運んだ最たる人と言えます。これまで，学生たちや地域住民，保育や療育現場のスタッフらと共に，親子ムーブメントの活動や公開講座，研修等の笑顔溢れる場づくりに精力的に挑んできました。そして，その直接的な体験の中で彼女が得た気づきを共有しながら，私たちは，ムーブメントの遊びの場に生まれる幸福感や笑顔が笑顔を呼ぶ好循環を確信して語り合ってきました。

　本書は，今，注目を集める「ウェルビーイング」の視点から，あらためて，これまでの私たちの実践の意義を読みほどく対話の中で生まれました。子どものウェルビーイングの実現には，「遊び」，「笑顔」，「優しさ」の直結が必要であるとの理念のもと，各章では，具体的な活動例やプログラムの実践例，さらにはエピソードも添えて解りやすく紹介されています。子どもも大人もよく動き，よく笑い，全身で楽しさや喜びを共有してきたムーブメント教育による遊び活動を読者のみなさんもきっと追体験できるでしょう。

　監修者として，本書に携わり，ムーブメント教育による「子ども中心の教育」や「人間尊重の教育」の理念に軸足を置いて積み重ねてきた私たちの実践が，ウェルビーイングの根底を支える教育のパラダイムを生み出してきたのだと自信をもって言えることに喜びを覚えます。

2024年5月　　小林芳文

$$\text{は じ め に}$$

「ウェルビーイング（well-being）」とは，心身ともに健康で，社会的にも良好で満たされた状態であることを意味し，「幸福」や「健康」，「福祉」の意味にも訳されています。ウェルビーイングということばが世界的に広まったのは，1947年，世界保健機関（WHO）憲章に採択されたのが最初だと言われていますが，近年では，国際調査の報告をもとに，あらためて注目が集まっています。新型コロナウイルスによるパンデミックによって顕在化した不安が続き，生活様式の変化や働き方の改革が急速に進む一方で，各々が健康や幸福について考える機会が増え，精神的に良好な状態を保つことへの意識の高まりにつながったのかもしれません。

ウェルビーイングは，特に労働環境の課題への対応として，ビジネスの分野で重要視され盛んに議論されてきましたが，短期的な幸福のみならず，生きがいや人生の意義等持続的な幸福を含む議論に発展し，未来を担う子どもたちの育ちにも大切な視点をもたらしています。日本の教育分野でも，ウェルビーイングは，いよいよ重要なテーマとなってきました。日本政府の提言には，目指すべき教育の核として，「子どものウェルビーイング」の実現が掲げられるようになりました。2023年（令和5年）6月に閣議決定された新たな教育振興基本計画においては，子どもたち一人ひとりの多様な幸せと社会全体の幸せであるウェルビーイングの実現を目指し，教育を通じて「日本社会に根差したウェルビーイングの向上」を図っていくことが重要なコンセプトとして提示されました。誰もが幸せな生き方を追求できる日本社会の実現に向けて，子どもを中心に，特に困難を抱える子ども，保護者の声を丁寧に聴き，温かい関係性のもとで語り合い，必要な育ちの場を共につくる活動がより一層求められていると言えるでしょう。

本書は，このような「子どものウェルビーイング」への意識の高まりに応えるべく，「ムーブメント教育（Movement Education）」の理論や実践の蓄積から得た知見を紹介するものです。

本書で取り扱うムーブメント教育は，アメリカの神経心理学者フロスティッ

グ（Marianne Frostig）が，1970年にその著書を公にして体系化を行ったもので，1970年代後半に日本へ導入されました。その後，小林芳文らによって，保育，教育，福祉，医療関係者らの協力を得て，現場のニーズに対応しながら，遊具やアセスメントの開発，豊かな動的環境を取りこんだアプローチの考案等，日本独自の発達支援法として発展を遂げてきました。特別支援教育，障がい児支援，保育，幼児教育，子育て支援等の現場で様々に活用されています。

　私自身も，ムーブメント教育に出逢い魅了され，この流れを引き継いだ者の一人です。元々の自身の専門であったダンス教育や身体表現の要素を加えながら，たくさんの親子や地域の支援者，学生たちと共に，より創造的なムーブメントプログラムの開発実践に取り組んで20年以上の歳月が過ぎました。ウェルビーイングが注目されている今，あらためてフロスティッグ博士の先見性に感動を覚えています。なぜなら，半世紀も前に，フロスティッグが唱えていたムーブメント教育の中心的な目標が，最初から，「生命および人間の尊厳を前提とした健康と幸福感（Health and a Sense of Well-being）の達成」であったからです。

　この理念に沿って，ムーブメント教育では，自由で受容的な運動遊びの環境を活かして，参加者一人ひとりの喜びや達成感，成功体験を大事にしながら，統合的な発達を支援し，子どもの「生きる力」を育んできました。そのためには，課題をスモールステップ化したり，集団の力を活かしながら個別に対応させたりする工夫が重視されています。また，他者との競争の場面はできるだけ排除しますが，子どもが，チャレンジしたい，できるようになりたいと感じることは大切にします。挑戦したいという主体的な想いは活動に没頭する経験につながり，「拍手」や「笑顔」が溢れる活動で，自分と仲間を大切にする姿勢を育みます。子どもも大人も幸福な気持ちを共有でき，個々の発達を支える遊びの場を共につくる喜びの中で，笑顔が笑顔を呼ぶ好循環が生まれています。ムーブメント教育の目指すところは，これまでもこれからも，かかわる全ての人たちの「健康と幸福感の達成」であり，これは，揺るがない理念なのです。

　コロナ禍において，共に集い，互いの身体を受けとめ合い，触れ合って遊ぶことを原点とする私たちの活動は，多くの制限を受けてきました。困難な状況が続く中，各々の現場の創意工夫によって活動を再開し，継続していますが，何より子どもたちの笑顔が大切なことは何なのか，あらためて教えてくれているように感じます。

本書では，ムーブメント教育の理論と日本社会に根差した実践の蓄積を通して，子どものウェルビーイングについて考察することをねらいとしています。教育の中心にウェルビーイングを位置づけることを目標に，そのための場の再構築が求められている今，ムーブメント教育にこめられたフロスティッグの理念，それらを引き継ぎ，日本の各地で，長年「健康と幸福感の達成」を目指して取り組んできた私たちの実践から得た知見を紹介することで，読者のみなさんと共に，子どものウェルビーイングを大切にできる未来への足掛かりを得たいと願います。

　まず，第1章では，子どものウェルビーイングの実現を目指す国内外の動向について情報を共有し理解を深めます。

　第2章から第8章までの各章では，フロスティッグの理論や日本において発展してきた私たちの実践活動の様子やそこから見えてきた知見をお伝えしながら，子どものウェルビーイングの実現に関係する視点を提供し考察を深めていきます。なお，本書では，具体的な事例や子どもたちとのエピソードを紹介しています。プライバシーを考慮して仮名になっているケースもありますが，全て，私がムーブメントの遊びの場で直接に体験した出来事がもとになっています。

　最終章の第9章には，ムーブメント教育の実践を通した日々の対話から新たな気づきが生まれてきた様子を読者のみなさんにも実感していただきたく，日本のムーブメント教育の第一人者である小林芳文氏との師弟対談の記録を加えました。

　なお，本書では，人を指す場合に限り，「障がい児」，「障がい者」と「害」という漢字の使用を避けひらがな表記にして使い分け，その他については，「障害」の表記を用いています。ただし，法令や固有名称等の表記，先行研究の引用部については，元の表記をそのままに用いています。

　これから私たちはどのように生きたいのか，子どもたちのためにどんな未来を望んでいるのかが，本気で問われている今，この本が，ムーブメントの遊びの場に生じるウェルビーイングを信じて活動してきた仲間たちに勇気を与え，そして，これから出逢う多くの方々と子どもたちの幸せな未来について語り合うための糧となることを祈ります。

2024年5月　　大橋さつき

目 次

第 6 章　家庭・保育所等・地域の ウェルビーイングと遊びの場 —— 111

6 – ① 家庭のウェルビーイングを支えるムーブメント教育 —— 112

6 – ② 保育所等で生まれる遊びの場とウェルビーイング —— 120

第7章 ウェルビーイングな社会を担う市民の育成と遊びの場づくり —— 139

CHAPTER

1

第　章

子どもの
ウェルビーイングの
実現を目指す動向

1－① 世界が注目するウェルビーイング

ウェルビーイングとは?

現在,「ウェルビーイング（well-being）」ということばに注目が集まり，様々な解釈がなされていますが，決して新しい考え方ではありません。既に，1946年にWHO（世界保健機関）が定めた「世界保健機関憲章前文」に最初の定義を見ることができます。これは，健康の定義を広義にとらえたもので，「Health is a state of complete physical, mental and social well-being and not merely the absence of disease or infirmity.（健康とは，病気でないとか，弱っていないということではなく，肉体的にも，精神的にも，そして社会的にも，すべてが満たされた状態である）」とうたっています（日本WHO協会訳）。

この「満たされた状態」と訳された部分が「well-being」です。もしくは「良好な状態」とも訳されますが，要するに「より良い状態」という意味です。身体的に良好な状態が「（狭義の）健康」，心が満ち足りて良好な状態は「（心理的な）幸せ」，社会を良好な状態にするための活動が「福祉」という解釈もできますから，日本の各分野で，「健康」，「幸福」，「福祉」と訳されて，学界においてそれぞれに適用されてきました。ウェルビーイングは，これらの狭義の「健康」，「幸福」，「福祉」を包みこむ概念であり，日本語で全てを言い表すためのちょうどいいことばがないので，カタカナで「ウェルビーイング」とそのままに呼ばれているようです。

ポジティブ心理学とウェルビーイング

健康や福祉の研究は，人類の古くからのテーマですが，心理学の分野で「主観的幸福感（subjective well-being）」に関する研究が，2000年頃から急増したことは，ウェルビーイングへの注目を高める大きな要因となったと言えるでしょう。人の精神の病気や障害等ネガティブな問題点にクローズアップして対処してきた従来の心理学に対して，人の幸せや快の感情に着目するこの実践的学問分野は，「ポジティブ心理学（positive psychology）」と呼ばれ盛んになりました。例えば，「創造性が高い人は幸せ」，「幸せな人は生産性が高く，創造性が高く，長寿である」，「親切で利他的な人は幸せ」といった研究結果が出てくるように

なり，このような研究の成果が，ちょうど世の中のニーズとして浮上していた働き方改革や健康経営といった文脈で使われるようになり，ウェルビーイングということばは，まずビジネスの世界で熱心に議論されるようになりました（前野・前野，2022）。

ポジティブ心理学の普及に大きな役割を担ったマーティン・セリグマン（Martin Seligman）は，持続的な幸福を追求するには，「一時的な幸福」，「瞬間の快楽」ではなく，ウェルビーイング，すなわち，幸福である状態を高いレベルで保つ必要があると考えました。そして，ウェルビーイングの多面的な評価を試みて，PERMA（パーマ）理論を提唱しました（セリグマン，2014）。PERMAは，ウェルビーイングを構成する5つの要素の頭文字からきています（**表1-1**）。

PERMA理論においては，これら5つをバランスよく満たすことがウェルビーイング実現に必要とされています。セリグマンが唱えるウェルビーイングとは，気象学の「天気」のような構成概念であり，それを構成する気温や湿度，風速，気圧等が操作可能な実在する要素と言えるでしょう。どの程度の気温や湿度を良い天気と感じるのかは，人それぞれだが，気温や湿度を測定することで最大公約数的良い天気を予測することはできるように，ウェルビーイングについても，それ自体を測定することはできないが，ウェルビーイングを構成する要素を測定することでウェルビーイングな状態をつくり出すことが可能になるという考え方につながるのです。

このようなポジティブ心理学の流れをさらに発展させ，最近では，タル・ベン・シャハー（Tal Ben-Shahar）も独自のウェルビーイング理論を発表し，有意義で充実した日々を生きるために少なくとも以下の5つの視点で自分自身のウェルビーイングの向上に努めることが必要だと論じています。こちらも頭文字5つをとって，「SPIRE（スパイア）」理論と呼ばれています（**表1-2**）。

SPIRE理論は，ウェルビーイングは，全人格的なものであって，全ては相互

表1-1　PERMA理論によるウェルビーイングの5要素

P	（Positive emotion／明るい感情，前向きな気持ち）
E	（Engagement／物事への積極的なかかわり，没頭，集中）
R	（Relationship／良好な人間関係）
M	（Meaning／人生の意味・意義）
A	（Accomplishment／達成感，熟練していく感覚）

表1-2 SPIRE理論によるウェルビーイングの5要素

S	**(Spiritual Well-Being／精神的ウェルビーイング)** 主体的・自己肯定感・自己有能感・使命感・自分の本質等がよい状態であること。
P	**(Physical Well-Being／心身的ウェルビーイング)** 心身共に健康である，その人にとってよい状態であること。
I	**(Intellectual Well-Being／知性的ウェルビーイング)** 知的好奇心や学ぶ意欲，自分を高める意欲があること。 潜在能力を発揮するために，深い学びに没頭すること。
R	**(Relational Well-Being／人間関係ウェルビーイング)** 良好な人間関係があること。
E	**(Emotional Well-Being／感情的ウェルビーイング)** ポジティブな感情・ネガティブな感情も受け入れる。レジリエンス力。

的につながっているという考え方で，5つの要素のそれぞれのバランスをうまくとりながら人生を追求していくことを重視しています（Ben-Shahar,2021）。「幸せ」を包括的に表現し，目指すところを示してくれる定義と言えるでしょう。前述のセリグマンの提唱したPERMA理論と比べると，「身体」への意識や「心身のつながり」を補完しているところが興味深い点です。

2種類の幸せ：ヘドニアとユーダイモニア

「人はどんなときに幸せを感じるのか」という問いに対して，古代ギリシャの時代から論じられてきた「ヘドニアとユーダイモニア」の違いについても確認しておきましょう。

ヘドニア（hedonia）は，一時的な楽しい気分を味わう快楽，目の前の快楽による幸せを指します。例えば，私たちがおいしいものを食べたり，テレビ番組を観て大笑いしたりするときに感じる，その瞬間の心地よい感覚はヘドニア的な幸せです。

一方，ユーダイモニア（eudaimonia）は，人間に特有な理性の機能を善く働かせ，自分の能力を十分に活かした人生を送っている幸せ，努力を重ねた結果としての，意義のある生活，満足した人生を送っている人の幸せだと言われて

います。ユーダイモニアは，アリストテレスが人生の最大の目的に掲げた幸福であり，日本語の「生きがい」ということばにも通じる幸福であると言われています。

　一般的に，ユーダイモニア的な欲求がウェルビーイングを向上させる一方で，ヘドニア的欲求は，時に「良い人生」という目標の達成にはつながらず，むしろ逆効果になる可能性があることを示唆している研究は少なくありません。中毒や依存症の問題を考えてみれば，ヘドニアの追求によって強く快楽を求めた結果，場合によっては，自制心を害することで長期的な幸福度を低下させる可能性があり得ることは理解できるでしょう。反対に，ユーダイモニアの追求は，快楽とは次元の違う高い意識で私たちを内面から鼓舞し，有意義な人生を送るという目標を達成する可能性が高いと考えられています。つまり，ユーダイモニアのほうがウェルビーイングとの関係がより普遍的なものなのだととらえることができます。

　ただし，ウェルビーイングはヘドニアとユーダイモニアの2つの要素から構成されており，これらは，相互に排他的であったり，対立したりするものではありません。ウェルビーイングの実現に向けては，それぞれの特性を理解した上で，バランスが大切だとされています。

幸福の4因子：「やってみよう」因子・「ありがとう」因子・「なんとかなる」因子・「ありのままに」因子

　日本においては，ロボットの研究者から幸福学研究の第一人者となった前野隆司が，因子分析を用いて，幸福度を高める因子を明らかにしました。前野はまず，人間を本当に幸せにするものとは何なのかという問いから，人間の欲求を満たす「財」について，周囲との比較で価値が決まる「地位財」（収入や物，社会的地位等）と，他人との比較を前提としない「非地位財」（自由や愛情，感謝，社会への帰属意識等）の2つがあることを示しました。そして，「地位財」による幸せは長続きしないが，「非地位財」による幸せは長続きする傾向があると論じました。この分類は，先述したヘドニアとユーダイモニアの考え方に対応しています。

　その上で，より長続きするユーダイモニア的な幸せ：非地位財による幸福感と深い相関関係にある心的特性を詳細に検証するために因子分析を行い，①「やってみよう」因子，②「ありがとう」因子，③「なんとかなる」因子，④「ありのままに」因子の4つを抽出しました（**表1-3**，前野，2019）。

表1-3　前野の幸せの4因子

	やってみよう因子／自己実現と成長
①	夢や目標を持ち，自分の得意なこと，やりたいことを発見して伸ばしていく。夢や目標を描き，それに向かって努力する過程でも幸せを感じることができる。

	ありがとう因子／つながりと感謝
②	多様な他者との良い関係を築き，他者への愛情を持つ。他者に感謝する傾向，親切にする傾向が強いこと。利他的な行動が多いこと。

	なんとかなる因子／前向きと楽観
③	ポジティブな思考で前向きに物事をとらえる傾向が強いこと。楽観的でいることで自己受容を高め，失敗や不安を引きずらないこと。

	ありのままに因子／独立と自分らしさ
④	自分を他人と比較することなく，他人の目を気にし過ぎず，本来の自分を理解して，マイペースに物事に取り組む傾向が強い。

　セリグマンのPERMA理論と比較すると，4つ目の「ありのままに因子」が特徴的です。米国では個人主義を基調としているので，誰もがありのままに自分らしさをもち，その上で多様性を認め合うことが常識的な社会であるのに対して，日本は同調圧力が強く，自分らしさを発揮しにくい文化であると考えることができます。独立性と自分らしさをもつことは米国人にとっては当たり前で見落とされていたのかもしれませんが，幸せの条件として重視すべき因子であることが明らかになりました（前野・前野，2022）。

　このように，前野の幸福4因子は，日本人を対象にした調査結果であり，より私たちのウェルビーイングの要素を高める心のあり方を理解しやすいものとして経営や働き方の議論だけでなく，まちづくりや教育の現場にも導入され始めています。

「World Happiness Report」（「世界幸福度報告」）

　国内外のウェルビーイングの議論においては，GDP（国内総生産）のように，ウェルビーイングを測定するための世界共通の指標について検討がされているところです。例えば，国際連合は，毎年3月20日を国際幸福デー（International Day of Happiness）と定め，「World Happiness Report」（「世界幸福度報告」）

として，人々が感じる主観的な幸福度を各国のランキングで公表しています。調査は2012年以降，2014年を除いて毎年発表されており，ウェルビーイングに関連する指標として世界的に認知度が高く，一面的ではありますが，各国のウェルビーイングの状況を垣間見ることができます。

　この指標は，幸福度については，自分の生活の状態を0から10までの11段階の「はしご」としてとらえ，考えうる最悪の生活をはしごの最下段である0段目，最善の生活を最上段である10段目として，現在自分がはしごの何段目にいるかを問うことによって得られるデータをもとにしています。

　2023年版報告書におけるランキング上位を見ると，フィンランドが6年連続で首位をキープする等，北欧勢が上位を占める傾向は変わりませんでした。日本は137か国中47位であり，2022年の54位より上昇したものの，GDPで世界4位の経済大国としては，やはり低い順位に見えるかもしれません。実際，G7の中では6番目のイタリアが33位であり，日本は最下位となっています。各国の幸福度の違いを説明する可能性のある要因として，①経済水準，②社会的支援，③健康寿命，④人生選択の自由度，⑤寛容さ，⑥腐敗のなさが挙げられています。日本の幸福度は経済水準，健康寿命，社会的支援で世界平均より高いのですが，人生の選択の自由度や寛容さに課題があることが示されています。また，日本のランキングが低いことには変わりがありませんが，コロナ禍にもかかわらず，日本の幸福度が2020年報告の数値から3年連続で上昇している結果にも注目が集まっています。社会的支援の割合増加が幸福度を押し上げている点から，コロナ禍の中で，他者への信頼やつながりの重要性が再認識されたのではないかと言われています。

日本発のウェルビーイング ─調和と協調（Balance and Harmony）─

　ウェルビーイングの国際的な比較調査においては，これまで，自尊感情や自己効力感が高いことが人生の幸福をもたらすとの考え方が強調されてきました。これは個人が獲得・達成する能力や状態に基づくウェルビーイング（獲得的要素）を重視する欧米的な文化的価値観に基づくもので，その結果，日本を含む東アジアの文化圏の子どもや成人のウェルビーイングは低いと報告される傾向にあります。政策として国民のウェルビーイング向上を支援するためには，人々のウェルビーイングを可視化していく必要があります。ある一国の幸福度の変動要因を分析するにはさらに多面的な要素を把握することが重要です。

　内田（2020）は，東アジアでは「物事には良い面と悪い面が同時に存在す

るという『陰陽思想』の影響」があり、「10点満点の幸せが必ずしも理想的なものとして目指されていない」「内閣府の調査で理想の幸福度を尋ねたところ、日本では7.5点を下回っていた」ことを報告しています。そして、日本には世代を問わず、「個」よりも人との関係を重んじる文化があり、「個」を重視する欧米的な価値観や幸福観を日本人にそのまま適合させようとするのは難しいだろうと指摘しています。現在、東アジア文化圏のウェルビーイングをとらえる尺度の導入も含め、指標の検討と精度の向上が求められています。日本においても、2019年から内閣府が「Well-beingダッシュボード」の運用を開始しました。欧米型の個人主義的なウェルビーイングの価値観からこぼれ落ちてしまいがちな、触れ合いや身体的な共感プロセス、共創的なナラティブの場といった観点を盛りこんだ東アジア共通の集産主義的な価値観に基づくウェルビーイングの考え方を重視する姿勢が必要です（渡邊・ドミニク、2020）。特に日本は、他者とのバランスを気にし、まわりまわって自分にも幸せがやってくるような「協調的幸福観」が強い社会と言えます。利他性、協働性、社会貢献意識等の人とのつながりや関係性に基づく要素（協調的要素）が人々のウェルビーイングにとって重要な意味を有しているという事実について、あらためて注視する必要があります。すなわち、日本においては、人と自然との調和を大切にしてきた日本人の「文化的幸福」、「集団的幸福」、「協調的幸福」を重視して、ウェルビーイングの「獲得的要素」だけでなく「協調的要素」とのバランスを考慮した日本発のウェルビーイングの実現を目指すことが求められます。こうした「調和と協調（Balance and Harmony）」に基づくウェルビーイングの考え方は世界的にも取り入れられつつあり、日本の特徴や良さを活かすものとして、国際的に発信していくことも期待されます。

　ウェルビーイングの意味は、それぞれの国、集団、地域の文化的価値に基づいて様々です。よって、ウェルビーイングの求め方は、多様であるべきです。ウェルビーイングの現状をより詳しく把握するためには、数値化する指標の研究調査は今後も重要ですが、ランキングを競うような視点だけでなく、違いを容認し合う視点から、自他のウェルビーイングについてより深く考えるきっかけを得ることが望まれます。

1－②　子どものウェルビーイングと教育

ポストSDGsのメインアジェンダはウェルビーイング

　現代は将来の予測が困難な時代であり，その特徴である変動性（Volatility），不確実性（Uncertainty），複雑性（Complexity），曖昧性（Ambiguity）の頭文字を取って，「VUCA」の時代とも言われています。環境破壊による気候変動や新型コロナのパンデミック，貧困，戦争・紛争等解決できない難題が続き，従来の価値観が大きく揺らぐ中，経済成長のあり方にも避けられない変化が生じています。幸せな世界をこの先どのように実現していくのか，国家や企業は，人類全体のウェルビーイングを意識した施策を求められています。

　このような中，様々な分野で語られるようになった「SDGs（持続可能な開発目標）」は，2015年9月に国連で採択されたもので，2030年までに世界が達成すべき目標を立てた"道しるべ"として共有されるようになりました。人類が直面している課題の解決に向けて17の目標が掲げられましたが，そのうちの1つに「Good Health and Well-Being」という目標があり，ここでもウェルビーイングの推進が示されたのです。ウェルビーイングがSDGs同様，世界全体の達成目標となる日も近づいているのでしょう。

OECD Education 2030 ―ラーニング・コンパスとウェルビーイング―

　Education2030とは，OECD（経済協力開発機構）が2015年に立ち上げたプロジェクト：「OECD Future of Education and Skills 2030 project（教育とスキルの未来2030プロジェクト）」の通称です。Education 2030の核心は「私たちが実現したい未来」（The Future We Want）というキャッチコピーに現れています。それまでのキー・コンピテンシーが，変動する社会の要求に対応した能力を育むという観点に立つものであったのに対し，SDGsで示された「世界を変革する（Transforming our World）」という理念に呼応して，どのような社会をつくり上げていくかという能動性を重視しています。

　SDGs時代の学力・能力としてOECDが提示したのが「ラーニング・コンパス 2030」です。子どもたちが未知の状況の中で自分たちの進むべき方向を見つけ舵取りをするという意味をこめて「コンパス（羅針盤）」と名づけられ

ています。

　ラーニング・コンパスの概念図（**図1-1**）には，ウェルビーイングの山を登ろうとする生徒として「エージェンシー（Student agency）」が描かれています。OECDは，そもそも「生徒たちは自分の人生や周りの世界を良くする意思と力を持っている」という考えに基づき，「変化を起こすために，自分で目標を設定し，振り返り，責任を持って行動する能力（the capacity to set a goal, reflect and responsibly to effect change）」をエージェンシーとして定義しています。生徒エージェンシーは周囲との関係を重視しており，社会を理解し，自分がやるべきことに気づき，世界に影響を与えることまでをも含んでいる大きな概念です。そして，エージェンシーを発揮するために必要なものとして，「ラーニング・コンパス」という学習の枠組みを置いているのです。

図1-1　Education2030 ラーニング・コンパス（OECD, 2019）

また，概念図の中には「共同のエージェンシー（Co-agency with peers, teachers, parents, communities）」が描かれています。世界をより良くするのは，決して一人では成し遂げられず，友人や教師，保護者や地域との協力，相互に学習し合う関係があってこそという考え方が示されています。個人としての能力だけでなく，他者の価値観を尊重しながら，他者と共に共生・共存・共創していく能力が重要であるとされているのです。

　そして，ここでも，子どもたちが目指すべき目標に，「ウェルビーイング（Well-being 2030）」が掲げられました。これは，SDGsのアジェンダ2030を意識しており，個人としてのウェルビーイングだけでなく，集団としてのウェルビーイング，持続的ウェルビーイングも含意しています。「これまでの経済や物質的な豊かさよりも多くの意味を含むもので，共通の目的地」との表現もあり，Education 2030プロジェクトでは，これからの教育の到達点として示しているウェルビーイングは，人類だけではなく，生物全体，地球全体のウェルビーイングを指しているとも言えるでしょう。子どもたちは，自ら目標を設定し，「Anticipation（予測）―Action（実行）―Reflection（振り返り）」の「AARの学習サイクル」を繰り返しながら，ウェルビーイングに向かっていきます。

　OECDによるウェルビーイングの定義は，「生徒が幸福で充実した人生を送るために必要な，心理的，認知的，社会的，身体的な働き（functioning）と潜在能力（capabilities）」とされています。また，「教育の目的は，個人のウェルビーイングと社会のウェルビーイングの2つを実現することである」としています。つまり，「子どもたち一人ひとりと社会全体が，現在から将来にわたって幸せで満ち足りた状態となるため」に教育を行うということであり，個人も社会もウェルビーイングな状態を実現することが，教育の目的そのものなのです。この思想が，日本の教育政策の基本的な考えにも影響しています。

日本の教育政策とウェルビーイング

　ウェルビーイングを中心的目標とする世界的な動向は日本国内にも影響を与え，2021年6月に日本政府が発表した「成長戦略実行計画」には，「国民がWell-beingを実感できる社会の実現」が掲げられました。

　同じく2021年6月，教育分野においてもOECDの報告を踏まえ，内閣府の教育再生実行会議が『ポストコロナ期における新たな学びの在り方について（第十二次提言）』において，ウェルビーイングを目指す社会，資質・能力について次のように説明しました。

教育再生実行会議では，ポストコロナ期における新たな学びの在り方を考えていくに当たって，こうした課題を解決するためには，一人一人の多様な幸せであるとともに社会全体の幸せでもあるウェルビーイング（*Well-being*）の理念の実現を目指すことが重要であるとの結論に至りました。この幸せとは，経済的な豊かさだけでなく，精神的な豊かさや健康も含まれ，このような幸せが実現される社会は，多様性と包摂性のある持続可能な社会でもあります。こうした社会を実現していくためには，一人一人が自分の身近なことから他者のことや社会の様々な問題に至るまで関心を寄せ，社会を構成する当事者として，自ら主体的に考え，責任ある行動をとることができるようになることが大切です。こうした個人を育むためには，我が国の教育を学習者主体の視点に転換していく必要があります。

（『第十二次提言』p.1）

　このような提言がなされた背景には，以前より指摘されていた日本の子どもたちの幸福度や自己肯定感，当事者意識の低さがあります。また，予測困難な社会に対応し不透明な未来を切り開く力の涵養において，従来型の教育では限界があることも共有されていました。その上，新型コロナウイルス感染拡大の波は家庭経済の悪化を加速させ，子どもたちの生活や健康，学びに大きな影響を及ぼすことになりました。従来認識されながらも解決に至っていなかった日本の教育や子育てに関する深刻な課題が浮き彫りになりました。そのような困難な状況が続く中で，目指すべき日本の教育の核として，「子どものウェルビーイング」の実現が掲げられたことは意義深いことです。これまでの当たり前が当たり前ではなくなってしまった未曾有の危機は，人々に多くの不安と困惑を与えましたが，同時に，従来型の学校制度や教育方法をはじめ，子どもを取り巻く様々な仕組みについて本気で変えていくことができるチャンスを与えたとも言えるでしょう。

教育振興基本計画のコンセプト：
「日本社会に根差したウェルビーイングの向上」

　さらに，2023年6月には，今後5年間の国の教育政策の方針と施策を示す教

育振興基本計画が閣議決定されましたが，この第4期（2023〜2027年度）となる基本計画のコンセプトは，「持続可能な社会の創り手の育成」と「日本社会に根差したウェルビーイングの向上」の2つで，その下に，16の教育政策の目標と，基本施策，指標が示されています。2つのコンセプトは連動しており，不安定化する現代において「一人一人のウェルビーイングを実現していくためには，この社会を持続的に発展させていかなければならない」と記されています。

「日本社会に根差したウェルビーイングの向上」の内容においては，ウェルビーイングとは身体的・精神的・社会的に良い状態にあることをいい，短期的な幸福のみならず，生きがいや人生の意義等将来にわたる持続的な幸福を含むものであること，また，個人のみならず，個人を取り巻く場や地域，社会が持続的に良い状態であることを含む包括的な概念であることを示しています。その上で，「ウェルビーイングの実現とは，多様な個人それぞれが幸せや生きがいを感じるとともに，地域や社会が幸せや豊かさを感じられるものとなること」であり，「教育を通じて日本社会に根差したウェルビーイングの向上を図っていくことが求められる」と論じています。

教育振興基本計画のもとになる教育基本法が教育の目的を「心身ともに健康な国民の育成」としていることにあらためて着目すれば，教育にとってウェルビーイングは全く新しい概念ではないと受けとめることもできます。しかし，従来，基本計画では教育成果の尺度として「学力」が重視される傾向が強く続いていた中で，ウェルビーイングの向上を総括的な方針として大きく打ち出したことは，注目すべき変化だと言えるでしょう。今，教育にウェルビーイングが求められる背景として，子どもたちの抱える困難が多様化・複雑化していることや，持続可能な社会の創り手育成に向け自己肯定感を高める必要があること等が説明されています。

また，子どもたちのウェルビーイングを高めるためには，教師のウェルビーイングを確保することが必要であり，「学校が教師のウェルビーイングを高める場となることが重要」としています。加えて，子どもたちのウェルビーイングが，家庭や地域，社会に広がり，その広がりが多様な個人を支え，将来にわたって世代を超えて循環していく，という姿も描かれており，社会全体のウェルビーイングの実現も意図されているのが特徴です。

さらに，今回の計画では，単なるウェルビーイングの向上ではなく，「日本社会に根差したウェルビーイングの向上」と掲げています。日本社会に根差し

たウェルビーイングの要素としては、「幸福感（現在と将来，自分と周りの他者）」、「学校や地域でのつながり」、「協働性」、「利他性」、「多様性への理解」、「サポートを受けられる環境」、「社会貢献意識」、「自己肯定感」、「自己実現」、「心身の健康」、「安全・安心な環境」等が挙げられ，教育を通じてこれらを向上させていくことが重要であるとしています。あえて「日本社会に根差した」と強調した背景には，人とのつながりや協働性によって得られる幸福感を重視した日本型ウェルビーイングの発信を目指す姿勢が現れていると言えるでしょう。

　ただし，教育を通して協調的幸福を目指そうとすると，組織や集団の中での同調圧力やいじめにつながり，弱者やマイノリティへの配慮が損なわれてしまうとの懸念が出てくる可能性があります。こうした批判を先取りするかのように，「協調的幸福については，組織への帰属を前提とした閉じた協調ではなく，共創するための基盤としての協調という考え方が重要である」と組織への帰属を求めているわけではないことを確認しています。「組織や社会を優先して個人のウェルビーイングを犠牲にするのではなく，個人の幸せがまず尊重されるという前提に立つことが必要である」と，組織や社会のために個人の幸せが犠牲になることがないようにくぎを刺しています。そして，「協調的要素と獲得的要素を調和的・一体的に育む」と示しており，協調的要素だけでなく，獲得的要素も欠かせないことを強調しています。ウェルビーイングと学力は対立的にとらえるのではなく，個人のウェルビーイングを支える要素として学力や学習環境，家庭環境，地域とのつながり等があり，それらの環境整備のための施策を講じていくという視点が示されています。

「こどもまんなか」からウェルビーイングを考える
─「こども家庭庁」への期待─

　教育振興基本計画は，あくまで教育に関する総合計画ですが，子どものウェルビーイング向上は，例えば，親の所得や家庭環境等の福祉の面からのアプローチも必要です。文科省が担う教育の範囲を超える局面においては他の政策との接続が重要になります。

　このような点においては，2023年4月に創設された「こども家庭庁」の役割が重要になります。こども家庭庁は，子どもをめぐる問題に対して適切な措置が迅速に行き届かないという縦割り行政の問題を解消するために発足しました。総理大臣直属の機関として内閣府の外局に位置し，これまで各省庁でバラバラに行われてきた子どもに関する政策を一本化して行います。各省庁に子ど

も政策の改善を求めることができる「勧告権」をもっています。いじめ・不登校等の教育現場と直結する課題の他，少子化対策，妊娠・出産の支援，未就学児対策，児童虐待防止や子どもの貧困対策，日常的に家族の介護や世話を行うヤングケアラーの支援等を取り扱います。

こども家庭庁の施策を社会全体で総合的かつ強力に実施していくための共通の基盤として，「こども基本法」が施行されました（2023年4月）。子どもの権利擁護や子ども施策の総合的推進を目的とし，「差別の禁止」，「子どもの最善の利益」，「生命，生存及び発達に対する権利」，そして「子どもの意見の尊重」という子どもの権利条約の4つの原則を掲げています。さらに，従来の「少子化社会対策大綱」や「子供・若者育成支援推進大綱」，「子どもの貧困対策に関する大綱」等3つに分かれていた指針を1つにまとめ，今後の政府の子ども政策の基本方針や重要事項を定める「こども大綱」が策定されました（2023年12月，閣議決定）。

今後，日本の子どもに関する政策の司令塔としての働きが期待されるこども家庭庁ですが，既に，6つの基本理念を打ち出しています。その一つにウェルビーイングを確認できます。「全てのこどもの健やかな成長，Well-beingの向上」を掲げ，「安全で安心して過ごせる多くの居場所を持ちながら，様々な学びや体験ができ，幸せな状態（Well-being）で成長できるよう，家庭，学校，職域，地域等が一体的に取り組む」としています。政策の決定過程に子どもや若者の意見を反映させることも重視しており，子どもの声を聴きながら，省庁横断的なウェルビーイング向上策が講じられることが期待されています。

こども家庭庁の発足に際して期待されていた幼保一元化の問題や施策の裏付けとなる財源の確保も，今後の大きな課題となっています。また，当初「こども庁」の名称で議論されていた経緯から，「家庭」を強調することで，チルドレンファーストの姿勢を徹底できないとの批判もあります。

今後も議論が続きそうですが，何よりも大切なのは，子どもを中心に，ウェルビーイングの実現に向けて，子どもの声を聴き，子どもの想いを尊重し，子どもの権利を守り，社会全体で育てていくという意識の共有ではないでしょうか。

ウェルビーイングな学校づくりへの挑戦が始まっている

ここまで見てきたように，ウェルビーイングは教育の主軸となるテーマであり，文科省は，これからの新しい時代に相応しい学校づくりのあり方として，教員・子ども双方が幸せに感じるウェルビーイングな学校施設を創造していく

ことを提唱しています。

このような流れに先駆けて、中島（2023）は、「学校生活が楽しい」、「学校で仕事ができてうれしい」が実現する「ウェルビーイングな学校づくり」に取り組み、既に実績を上げています。中島は、埼玉県の公立小学校の校長に着任した2020年度から、ウェルビーイングの要素を整理した形で学校経営に取り入れ始め、先述したベン・シャハ―の「SPIRE理論」や前野の「幸福4因子」を活用した実践を展開しています。各教員がこれらの理論を意識することで、自身の想いを客観視し具体的な行動に移すことにつながり、児童生徒たちのウェルビーイングを考えた授業づくりの指標としても活用できると報告しています。

また、「心理的安全性」（石井、2020）を重視した組織づくりも中島のウェルビーイングな学校づくりの実践には欠かせないと説明しています。中島は、石井の論から、「心理的安全性のある職場」は教育界が抱える問題を大きく改善する可能性があると考えました。チームの一人ひとりが率直に意見を言い、質問をしても安全だと感じられる状況を保つために、①話しやすさ、②助け合い、③挑戦、④新奇歓迎の4因子を重視し全職員で共有し、なれ合いや同調圧力に陥ることなく、健全に意見を出し合える環境を保つようにしていると言っています。また、ウェルビーイングの考えに基づき細かい業務改善も進め、教員たちは定時帰宅や平日の計画年休の取得がしやすくなり、ワーク・ライフ・バランスも向上し、総じて、教員自身のウェルビーイングが向上したと報告しています。教員たちの変化に影響され、子どもの主体性や学ぶ意欲にも変化が現れ、保護者の理解や地域との連携も深まっていったという中島の実践は、「ウェルビーイングな学校づくり」の成功例として、全国の学校、現場の教員たちを勇気づけていることでしょう。

子どものウェルビーイングの実現に向けて「体育」に寄せられる期待

コロナ禍、オンライン教育の普及の中、単に知識を得ること以上に、子どもたちが学校に通う意味はどこにあるのか、学校に身を置いて集い学ぶことの意義について、多くの人たちが立ち止まって考えたのではないでしょうか。その中で、「身体活動」を軸とする体育という教科の存在意義があらためて問われてきました。体育の授業を通して、身体的な対話を重ね、自己と他者に対して受容的・共感的な身体性を養うことは、他者に対するケアの意識を高め、利他的で互恵的な共同体づくりにつながっていくでしょう。

ウェルビーイングが、教育のテーマの主軸として確認されるようになった今、

新しい体育のあり方を探求し続けてきた梅澤（2022）は，「共生の視点を踏まえた体育は持続的ウェルビーイングに向かう中核の教科」になると主張しています。学校教育において，子どもたちがいかにウェルビーイングを高め合うことができるか，そのヒントが「共生体育（梅澤・苫野，2020）」の実践には溢れています。梅澤は，さらに，ウェルビーイングの定義と体育の関係性を示す独自の概念図（**図1-2**）を作成し，興味深い考察を展開しています。

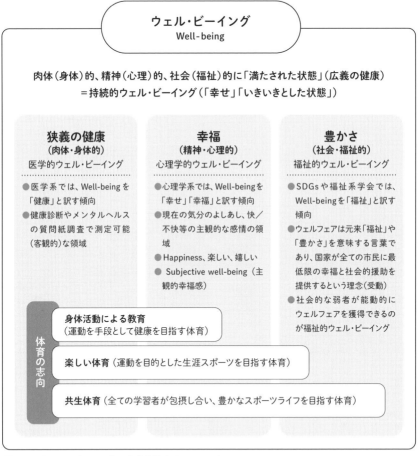

図1-2 ウェル・ビーイングの定義と体育 (梅澤, 2022)

1 − ③ 特別なニーズのある子どもとウェルビーイング

子どもの視点から必要な「ニーズ」を考える

　特別なニーズのある子どもとは，障害のある子ども，医療的ケアを要する子ども，被虐待児，精神疾患ある子ども，セクシャルマイノリティーの子ども，海外にルーツをもつ子ども，宗教的配慮の必要な子ども等，社会生活上の困難さを有する子どもたちを指します。貧困，DV，保護者の子育て不安，精神疾患等による家庭の問題が子どもの生活へ与える負の影響も特別なニーズに含まれます。

　2023年6月13日に閣議決定された「こども未来戦略方針」には，基本理念の1つに「全ての子育て世帯を切れ目なく支援する」ことが掲げられました。「経済的に困難な家庭のこども」，「障害のあるこどもや医療的ケア児」，「異なる文化的背景を持つこども」等，「多様な支援ニーズを有するこども」の健やかな育ちを支え，「誰一人取り残さない」社会を実現する観点から，よりきめ細かい対応を行うため，各地域において包括的な支援を提供する体制の整備が求められると明記されています。

　子どものウェルビーイング向上を図るとき，困難な状況に直面している子どもたちへの対策はより重要で，喫緊の課題となっています。子どものいのちを救い，日々の生活を守るための具体的な施策や環境の整備が求められています。しかし，同時に，「支援」や「配慮」という一方的なかかわりだけでなく，子どもの側に視点を置いて「ニーズ」ということばの真意を問い，一人ひとりの子どもが豊かに幸せに育っていくために本当は何が必要なのか，丁寧に子どもやその家族の声を聴き，共に考え続ける慎重な姿勢も重要です。

福祉におけるウェルフェアとウェルビーイング

　特別なニーズの子どもたちのウェルビーイングについて，どのように考えていけばよいのか，その土台として，福祉の分野の背景を確認しておきます。「ウェルビーイング（well-being）」が「健康」や「幸福」等の他，「福祉」と訳されてきたということは，先に述べましたが，「福祉」の訳語は，古くは「ウェルフェア（welfare）」とされることが多く，後になって，「ウェルビーイング

（well-being）」も使われることが増えてきたようです。「ウェルフェア（welfare）」から「ウェルビーイング（well-being）」への変化は，何を意味しているのでしょうか。その背景には，福祉理念の重要な転換があったとされています。

　ウェルフェア概念は社会の構成員全体のマクロ的状態に着目し，福祉の対象となる者は社会弱者であり保護すべき者と考え，国家が個人に与える福祉サービスを決めるという厚生概念です。社会的弱者や生活困窮者に対して，救貧的で慈恵的な保護を中心としたサービスという意味合いを深く含んでいます。

　一方，福祉分野におけるウェルビーイング概念は，広く全ての人々の権利を尊重し，自己実現を社会的に保証するという意味合いを含んでいます。社会の構成員個々人のミクロ的状態に着目し，どの福祉サービスの提供を受けるかを個人が選択・決定し，自らが望むライフスタイルを構築し実現していく権利を重視する概念です。必要なサービスを授与するだけでなく，あらゆる個人が主体性をもち，自己実現を求めることが保障されるという，より包括的な福祉理念です。

　このような解釈の違いから，「ウェルフェアからウェルビーイングへ」とスローガンのように唱えられていました。この動きは，従来の「社会福祉」が憲法第25条（すべて国民は，健康で文化的な最低限度の生活を営む権利を有する。）に基礎をおいた，国民の"最低限度の生活"を保障するものから，憲法第13条（すべて国民は，個人として尊重される。生命，自由及び幸福追求に対する国民の権利については，公共の福祉に反しない限り，立法その他の国政の上で，最大の尊重を必要とする。）に基礎をおいた国民の「自由及び幸福追求」を助長するものへの変革と言えるかもしれません。

ADLからQOLへ，そしてウェルビーイングへ

　次に，特に，障害のある子どもや医療ケアの必要な子どもたちのウェルビーイングを考えるにあたり，福祉や医療の現場で，かつてから議論されてきた「ADLからQOLへ」の転換についても理解を深めます。

　ADLとは「Activities of Daily Living」を略したことばで，日本語では「日常生活動作」や「日常生活活動」と訳されます。食事や入浴，排泄のほか，金銭や薬の管理をしたり，外出先で乗り物を利用したりする活動もADLに含まれます。

　一方，QOLは「Quality of Life」を略したことばで，「生活の質」と訳され，主観的幸福感を評価するときに使われます。QOLは精神的な満足感や充足感

を評価するための概念です。どれだけ人間らしい生活を送り，生きがいを見出しているかを判断するために必要な尺度を表しています。

　かつては，特に身体のケアや生活のサポート等を多く含む介護や身体障害の支援の現場では，ADLだけが重視されていました。現在でも，例えば，介護保険制度では，ADLに基づいて被介護者のできること，できないことを調査し，介護レベルを決定しています。しかし，客観的に，機能が向上する，症状が回復するといった評価だけでなく，本人の満足度等を重視した主観的な視点から，被介護者・被支援者の精神的な充実を図ろうという考えが浸透してきたのです。できないことに注目するだけでなく，本人の意志や希望を尊重し，「持続的な幸せ」を実現するには何をすべきかが課題となってきました。つまり，適切な治療や訓練だけでなく，本人が幸せな人生を送るにはどうしたらよいのかを重視するアプローチが求められてきたのです。

　ただし，「ADLからQOLへ」というスローガンを極めて短絡的に，ADLはもはや以前ほど重要ではなくなったように偏ったとらえ方は危険であり，両方のバランスが大切です。QOLが高いことで，毎日の生活を満足しながら生き生きと過ごせ，ADL維持や向上の一助にもなります。また，逆に「QOL向上のためのADLを」という観点も，よりウェルビーイングの実現に近づくのではないかと考えられます。

　療育の現場においても，かつては，子どもたちが「一人でできることを増やす」という目標が強調され，訓練的で介入的な方法が主流で，ADLの向上に主眼が置かれていました。しかし，最近では，QOLの向上が重視される動きが出てきました。これは，ADLの向上を目標としないという意味ではなく，子どもたち一人ひとりのQOLにとって，それぞれのADLがどのような意義をもつのか検討し，全体としてウェルビーイングの実現に役立つADLの向上を重点的に支援していくという考え方に発展してきたと解釈できるでしょう。

ウェルビーイングで日本のインクルーシブ教育の再構築を

　本章の最後に，昨今の日本の特別支援教育やインクルーシブ教育を取り巻く議論を取り上げて，ウェルビーイングとの関係を考えてみます。

　障害者権利条約は，障害のある人の人権や自由を守ることを定めた条約で，世界中の障害者政策の羅針盤となっているものです。この障害者権利条約をめぐって日本政府がどのような取り組みをしてきたのか，国連の権利委員会による初めての審査が行われ，2022年9月に総括所見改善勧告が公表されました。

そこで，障害のある子とない子が共に学ぶ，インクルーシブ教育に関する勧告が出され，緊急に措置が必要だと強調されました。日本では，2007年の学校教育法改正の際に，「障害のある幼児・児童・生徒への教育にとどまらず，障害の有無やその他の個々の違いを認識しつつ様々な人々が生き生きと活躍できる共生社会の形成の基礎となるもの」として，特別支援教育の理念にインクルーシブの考えが盛りこまれたはずでした。しかし，国連は，日本の特別支援教育の現状について，「分離された特別な教育」をやめるように勧告し，日本が特別支援教育の体制を充実させればさせるほど，インクルーシブ教育から遠ざかり，障害のある人たちが社会から分離されることにつながるという懸念が示されたのです。

これを受け，永岡桂子文部科学大臣（当時）は「障害のある子どもとない子どもが可能な限り，ともに過ごせる条件整備と，一人ひとりの教育的ニーズに応じた学びの場の整備を両輪として取り組んできた」と説明し，特別支援学校や特別支援学級の在籍児童・生徒数が増えていることに触れ，「特別支援教育の中止は考えていない」と明言しました（文部科学省，2022）。さらに，文科省は，特別支援教育について，普通学級に比べて教員の配置が手厚く，きめ細かな指導ができるため「保護者のニーズが高い」と説明しました。

一方で，2023年5月に公表された障害福祉計画と障害児福祉計画に関する基本指針には，国連からの勧告を踏まえた内容が見受けられます。すなわち，今後の目指すべき方向性として，「障害のある子ども本人の最善の利益の保障」，「こどもと家族のウェルビーイングの向上」，そして，「地域社会への参加・包摂（インクルージョン）の推進」が掲げられました。また，続いて6月に閣議決定された教育振興基本計画においても，誰一人取り残されず，相互に多様性を認め，高め合い，他者のウェルビーイングを思いやることができる教育環境を整備すること，また，インクルーシブ教育システムの実現に向けた取り組みを一層進めることが明記されました。

インクルーシブ教育には，障害に対する地域社会の理解が進み，インクルーシブな社会の実現を促進する効果も期待されます。障害の有無にかかわらず，様々な子どもたちが共に過ごす機会を子ども時代から増やすことが，子どもと家族のウェルビーイングの向上，子育て世代全体の安心の広がりと活力の向上につながり，多様な人たちとの交流を通じて，子どもたちは他者への理解や他者への貢献等，豊かな人生を築くための共生社会づくりの基本となる体験を得ることができます。

また，発達の途上にある子どもたちの教育支援に携わる大人たちにとって，元来，障害の診断等にかかわらず，一人ひとりの子どもは，今まさに育ちつつある状態であり，特別なニーズのある存在であるという見方をあらためてもつことが重要かもしれません。そのような前提において，目の前の一人ひとりの子どもの特性を見つめ，ウェルビーイング向上を願うとき，おのずと，子どもたちには互いに違いを尊重しながら育ち合う場が必要であることに気づくことができるでしょう。子どもたちが，互いの違いを知り，互いの違いを認め合い，それぞれの良さを活かしながら，安心して幸せに暮らせる環境をみんなでつくる，そのために学び合うことがインクルーシブ教育の目的だと考えれば，それは，まさにウェルビーイングを深化させていくための教育でもあります。

　全ての子どものウェルビーイングを追求するための場としてこれからの教育の役割を考えると，子どもたちは，各々が楽しい遊び等の体験を積み重ねる中で，将来に希望をもち，さらには，自分だけではなく仲間や学校，地域や社会全体の「私たち」の幸せを願い，実現に向けて，何ができるかを考え実行していくことが望まれます。そのためには，子どもたちがインクルーシブな環境で，かつ，安心安全に過ごすことが求められるでしょう。子どものウェルビーイングの実現に向けて，今ようやく，日本のインクルーシブ教育を再構築していく段階にきているように感じます。特別支援教育がこれまで重視してきた手厚くきめ細かな一人ひとりに寄り添う個別支援を，ウェルビーイングを高め合う現実的な取り組みや他者とのかかわりから分離することなく実現するための，より高い専門性が求められます。これまで，特別なニーズの子どもたちの支援にかかわってきた大人たちが互いに知恵を出し合うことで，日本の子どもたちのウェルビーイング実現に貢献できると信じています。

第 2 章

子どもの
ウェルビーイングと
運動遊び

2-① 子どものウェルビーイングに直結する遊び活動

遊ぶ子どもは命が満ちる ─遊ぶことは生きること─

　ホイジンガが『ホモ・ルーデンス』で説いたように，人間の本性はそもそも遊ぶことにあり，人類の豊かな「文化」は，遊びの中で遊ばれることによって創造されてきました。藤原（2020）は，遊びは，「生きる上での生薬，社会の活性と健全をはかる処方，文化創造のための促進剤，よりよい生存，ウェルビーイングとその環境のための常備薬である」と論じています。閉塞感に悩まされる現代で，私たちが，生きる楽しさ，生きがい，ウェルビーイングを追求するために，遊びの根源的意味を考えていく必要があります。

　特に，子どもにとっては，遊びは生活の全てであり，遊ぶことが生きることであると言ってもよいでしょう。人間の発達に遊びは欠かせないもので，遊びたいという欲求と衝動は，生存や仲間とのつながりへの本能的な衝動と同じく，脳の本能的な部分にかかわっていると言われています。すなわち，遊びは，子どもが生き生きと成長するための栄養であり，実践的な学びの活動と言うことができます。

　遊びは，子どもに快い揺さぶりをもたらします。子どもは夢中になって遊びに没頭する中で，健康な身体，社会性や協調性等人とのかかわり，感受性や情緒の開発，そして，挑戦したいという気持ちや創造的な力を身につけていきます。身体の成長を伴う運動能力，学力を含めた知的能力，感性等の精神的能力，他人とのつきあい方等の社会的能力等を環境と対話の中で身につけていく，総合的な学習の場でもあります。今後，想像もつかない速度で変化する時代を生き抜くため「非認知能力」を育むことに注目が集まっていますが，この能力も遊びの中で培われると考えられています。

　また，幼児期に遊びの経験が少ないことが，その後の人間関係の構築にも影響するという報告もありますが，遊びの中で，自由に自分を表現し，認められ，受け入れられる体験をすることや，遊びという緩やかなルールの中で他者と自分自身を確かめることは，自信を深め，自分自身の確かな存在感をもつ基盤となります。安心できる遊びの場で好奇心を存分に発揮し，失敗しても挑戦し，レジリエンス（回復する力）を養いながら，自分が価値ある存在であるという

実感を重ねていくことができます。遊びは，生きる力の源であり，子どものウェルビーイングと直結していると言えるでしょう。

遊びの場の消失

　しかし，日本においては急速な経済成長の中で，三間（時間，仲間，空間）の減少に象徴される環境の激変により，子どもの遊びが衰退の一途を辿ってきました。自動車交通の発達や犯罪の増加で，屋外は「あぶない」場所だらけになり，空き地や生活道路といった子どもたちの手軽な遊び場が減ってしまいました。また，テレビやゲーム，コンピューター，スマートフォンの発達で，子どもたちの遊びの方法も大きく変化して，外遊びが減り，全身で汗をかくような遊びを体験することが少なくなってしまいました。子どもたちは習い事や塾で忙しく，遊び時間は分断化されてしまっています。また，少子化によって遊び仲間が減り，遊び仲間が同年齢化してきました。かつての日本の路地裏や空き地，団地に見られた，ガキ大将が率いる多様な年齢の遊び集団はもはや消滅しています。公園でさえも，大きな音を出してはいけない，ボール遊びはしてはいけない…と，禁止の張り紙だらけで，子どもたちが自由に遊ぶことができる場が減っています。当然，子ども同士のかかわり合いの中で遊びが発展することも減り，日本における遊び環境は悪化するばかりです。

　遊びの場の消失，遊び体験の激減による影響としては，既に，子どもたちの体力・運動能力には著しい低下が生じていて，肥満や疲れやすさ，集中力の低下，不器用な動きから生じるケガの増加等の問題が指摘されてきました。また，「からだ」の異変に加え，やる気が出なかったり，孤独感に悩まされたり，「こころ」の問題も取り上げられてきました。さらに，コロナ禍では，子どもたちは窮屈で息苦しい生活を余儀なくされてきました。遊びがさらに制限された孤立した状況の中で，子どもの「からだ」と「こころ」の問題がより深刻になっていることが予想されます。

遊ばない，遊べない子どもたち

　「遊ばない」子ども，「遊べない」子どもは，遊びが放つ成長や発達の根っこを自分の生活の中に張り巡らせることができません。「遊ばない」子ども，「遊べない」子どもと言われた世代が既に親となり，負のスパイラルの中で日本の社会からさらに遊びが失われつつあります。

　本来，子どもの遊び場は造られたものではなく，子どもたちが遊びたいと思っ

た所が遊び場となっていて，そこは大人の介入がない世界であり，子どもたちが主人公になって遊びが発展する場でした。しかし，ここまで，遊びの場が消失し悪循環を繰り返している現状では，遊びの活動によって子どもの育ちを支援する仕組みや子どもが能動的に参加する遊び環境を人為的に提供しなければなりません。子どもが子どもらしく「ただ遊ぶ」ことを保障する場が求められているのです。

　そのような危機感を抱く大人たちによって，既に，様々な取り組みが各地で行われています。例えば，保護者や地域が協力して，「プレーパーク」や「冒険遊び場」と呼ばれる魅力的な遊びの環境を設置する活動が盛んになっています。また，竹馬，コマ，お手玉等の「伝承遊び」の意義をあらためて伝えようという動きや子どもの全面的な発達を支える遊びの要素を分析した上で，有効な遊具を開発しようとする動きも見られます。

2-② 運動遊びを原点としたムーブメント教育
―「健康と幸福感の達成」を目指して―

遊びの場づくりに役立つムーブメント教育

　ムーブメント教育は，日本に導入された当初は，主に療育支援として普及していましたが，間もなく，対象を障がい児に限定せずに，保育や子育て支援の現場で活用されることも増えていきました。先述した「遊びの場の消失」による課題に対し，多くの子どもたちのために充実した遊び場づくりが必須とされている現状を反映して，ムーブメント教育が蓄積してきた運動遊び活用の理論と実践方法が再評価されたと考えられます（小林・大橋，2010b）。ここでは，子どものウェルビーイングにおける遊びの活用を考えていくために，まず，「健康と幸福感の達成」を目指してきたムーブメント教育の源流に触れていきます。

最終的なゴールは，かかわる全ての人の「健康と幸福感の達成」

　ムーブメント教育は，運動遊びを原点とした統合的な発達支援法であり，知覚運動学習の理論家であり，神経心理学者であるアメリカのフロスティッグ（Marianne Frostig）がその著書『Movement Education : Theory and Practice』

において体系化したものです。日本では，小林芳文らがフロスティッグの理論を基盤に心身の発達に障害のある子どもたちの療育・支援の現場で研究と臨床を行い普及させてきました。最近では，特別支援教育や療育の現場のみならず，保育や幼児教育，小学校の体育，子育て支援，また，高齢者のリハビリテーション等においても広く活用されています。

　フロスティッグが唱えたムーブメント教育の究極的な目標は，「生命および人間の尊厳を前提とした健康と幸福感（Health and a Sense of Well-being）の達成」です。日本においても，対象となる子どもたちだけでなく，支援者や保護者も含めた誰もが歓びと充実感を実感できる「人間尊重」の理念に基づいた教育・療法である点を最も重視して，日本の風土に即した進展を見せてきました。ウェルビーイングに注目が集まる今，半世紀以上も前に，「かかわる全ての人たちの健康と幸福感の達成」を最終的なゴールに掲げたフロスティッグの先見性には驚かされます。ここでは，さらに，フロスティッグがムーブメント教育にこめた教育理念に触れていくことにします。

M.フロスティッグの教育理念：
人間尊重と世界平和の心を基盤にした「幸せ」な人格の育成

　フロスティッグは，1906年，オーストリアのウィーンに生まれ，第二の故郷であるポーランドでの戦争による悲劇を経験しています。さらに，1938年，夫と共にアメリカに渡った直後に，夫婦がワルシャワで10年ほど運営していた病院の職員や患者をナチスが殺害したことを知り，大きなショックを受けます。このような悲惨な体験から，フロスティッグの中に，真剣に世界平和を願い，弱い者の立場に立つ基本姿勢が確立されていきました。

　渡米後は，モンテッソーリから学んだ実践理論とポーランドで会得した作業療法の経験を活かして，障害のある子どもたちの療育を行うことを望み，ニューヨークの大学に進学しました。1946年学士号を取得した後，ロサンゼルスに移住し，公立学校の教師となった彼女は，親の不和，慢性的な栄養不足，親の飲酒癖，親の就労の不安定，貧困等，多くの逆境の中で生きる子どもたちに出会いました。その中で，障害のある子どもたちの教育研究に真摯に取り組むという経験を重ねながら，フロスティッグは，一貫して，子どもたちの「幸せ」の実現に精魂を傾けてきました。

　フロスティッグは，不安に覆われた世界で，「教育の目的とは何か」という点について深く洞察しています。自著『人間尊重の教育』の冒頭では，戦争や

飢餓や資源不足や世界に起きている様々な問題を憂い，一世代では解決できないことばかりで，これから，危機に瀕している世界の「この世のなかで，全体として人類の利益のための全世界的条件とは何かについて考え，共通の問題の解決に専念する人」が必要で，そのためには，「読み書き計算」を教えることだけしかできない教育は，明らかに不十分なのであると論じています。未来の世界を担う子どもたちの真の「幸せ」の実現のために，「創造性開発の能力の育成と，本質的問題の認知と，その解決のための有効な方法の発見に導く態度と技術の発展を援助すること」が必要だと述べています。すなわち，全ての子どもたちが知的にも情緒的にも成熟し，自己の力を最大限にのばすことは，もちろん必要であるが，いっそう大切なのは，よりよい「次の時代を築き上げるための倫理」を身につけることであると述べているのです。

　また，フロスティッグは，LD（学習障害）の子どもたちの指導に熱心に取り組みましたが，「読み書き計算」の力の習得だけを最終目的とは考えず，常に子どもの全体的な発達に目を向け，より幸せに生きていくための「柔軟な思考力」や「創造性」の育成を重視しました。

> 　教育には，子どもたちひとりひとりの可能性の開花を助けるという責任が伴っている。同時に，子どもたちに現代の問題を解決し，かつ彼らが活躍するつぎの時代を考えるための準備をしなければならない。また，彼らにはつぎのようなことを可能にしなければならない。すなわち，機械的というよりはむしろ創造的に，かつ思慮深く考え，行動することを最大限に学習するための意思伝達の技術を発展させること，地域社会よりもさらに大きな社会への意識をもたせること，個人の生活と価値ある人類の進歩が基礎づけられる感受性と共感性とを発達させることなどである。
>
> （Frostig／伊藤ら（訳），1981；p.260）

　フロスティッグは，それまで手薄であった「特別な支援を必要とする子ども」に目を向け，一人ひとりが個性的かつ，創造的に「生」を充実していける教育を展開すること，そこには小さな生命が躍動する喜びを共有すること，そして，全ての人がこうした仲間と共に手を取り合って新しい世界を築き上げていく英知を学ぶことであると考えていました。

　このように，フロスティッグは，真の教育とは，倫理や道徳を教えることに

あると考えており，人間尊重と人類全体の平和を基盤にした「幸せ」な人格の育成を目指すことを重視していました。そして，そのために，集団による運動遊びを中心としたムーブメント教育を開発していったのです。

日本の風土で発展したフロスティッグの理念

　日本にフロスティッグのムーブメント教育を伝えた一人である小林芳文は，乳幼児の平衡機能の生理学的研究におけるダウン症や視覚障害の子どもたちとのかかわりから，豊かな運動遊びの環境における取り組みの可能性に気づきました。しかし，当時の日本の特殊教育は，「訓練」が主流であり，子どもが泣いて嫌がっても，それが子どもに必要だからやるのだという強い信念のもと，教師も保護者も心を鬼にして対峙する姿をよく目にしたそうです。このような方法に疑問を感じ，楽しさや喜びを前提とした発達支援の方法を探し求めた結果，フロスティッグのムーブメント教育に出逢ったのです。

　フロスティッグの実践論に出逢った喜びを小林は次のように述べています。

> 　私は，この学問に巡りあえ，障害を持った子どもたちに「楽しい身体運動で発達や教育軸をつくること」，「訓練でなく喜びが，笑顔や自発性を生むこと」，「魅力ある環境が，子どもの教育の良循環を生むこと」という理念を持つことができたように思います。。
>
> 　　　　　　　　　　　　　　　　　　　　　　　　（小林，2004；pp.32-34）

　1978年，フロスティッグの翻訳本の発行に取り組んだ小林は，その後も精力的にフロスティッグとの交流を深め，その中で，さらに，彼女の思いやりのある言動や人間性に惹かれ，人間愛の哲学に基づいたムーブメント教育の理論と方法への理解を深めていったのです。

　フロスティッグが体系化したムーブメント教育が小林らによって日本に紹介されて，障がい児の療育支援を中心に医療・福祉・教育における様々な現場で適用され，互いに影響し合って，日本の風土の中で発展を遂げてきました。魅力的な遊び環境づくりのために活用できる遊具とアセスメント（MEPA：Movement Education Program Assessment，1985）の開発には，特にその独自性が現れています。

　また，ムーブメント教育には，子ども一人ひとりの個性と主体性を大切に，弱点のみにかかわるのではなく，得意なこと・好きなことに目を向ける考え方，

環境とのかかわりを重視した子どもの支援のあり方，QOLを意識したかかわり等，今日の特別支援教育の課題を先取りしたような実践の蓄積がありました。「強制的なきつい訓練では，子どもの心や活動に主体性のあるエネルギーを与えることは難しく，発達の良循環が作れない。しかし，遊びやファンタジーの要素を持った活動と自然な動きを誘う支援であれば，潜在する能力を引き出すことができる」（小林，2001）という一貫した主張が，あらためて評価されるようになったと言えるでしょう。

「〜させる」より「〜したい」を大切に

　ムーブメント教育では，決して，命令的で訓練的な介入を行いません。遊びは誰からも強制されない，自発的，自主的な活動であることに大きな意味があります。同じ活動でも誰かに強制されて嫌々やる運動は苦痛で長続きしませんが，「遊び」という点を重視して活動を展開すると，子どもが自ら楽しんで取り組むことができます。ムーブメント教育の活動は，参加者が自主的に取り組み「楽しい」と感じているかどうかが重要なポイントになります。

　例えば，パラシュートの上に乗ってダイナミックな揺れを体験する遊びは子どもたちに大人気ですし，発達支援としては意味のある動きを引き出す活動でもあります。しかし，中には初めての経験で怖がる子どもいます。そんなときには，個々の状況に合わせて様々な対応がなされますが，ムーブメントの活動は，全員が一律に同じ課題をクリアすることがねらいの活動でもなく，「訓練」でもありませんから，嫌がる子どもを無理矢理パラシュートに乗せて揺らしたりはしません。例えば，いったん活動から離れ，部屋の隅で別のことをしていても，楽しそうに飛び跳ねている他の友だちの姿，集団の笑い声に引き寄せられて，いつのまにかパラシュートの縁を持ちにくる子もいます。大きく揺らす活動ではなく，お母さんが抱いて中央に座って乗ってもらい，地面につけたまま左右に優しく揺らしたり，メリーゴーランドのように周りのみんなが回ったりする活動なら笑顔になる子どももいます。遊びの活動の中で子どもは常に環境と対話しています。「パラシュート，楽しいな」，「乗るのも楽しそうだな」，「乗ってみようかな…」と，子どもが自分からゆっくりとパラシュートの真ん中に歩いてくる瞬間が大事なのです。ダイナミックなパラシュートの揺れを活かした活動には子どもの発育に重要な効果がありますが，子どもが泣き叫んでいるのに無理に実行してしまっては，そこには笑顔も喜びも無く，ムーブメントの活動ではなくなってしまいます。たとえ，半年かかっても1年かかっても，

その子の自ら「パラシュートに乗ってみたい」という気持ちを引き出すことが，遊びを原点とするムーブメント教育の基本的な姿勢です。

　このように，ムーブメント教育では，他から命令されたり，干渉されたりすることなく，自らの意志，思考，責任に基づいて決定をし，行動する場面を大事にします。「～させる」のではなく，「～したい」を引き出すアプローチが基本で，参加者一人ひとりが「楽しい」と感じ，活動に没頭することを重視します。そのためには，各々が自発的に動き，自主的に活動に参加できるような工夫や「やりたい」と思ったときに，いつでも参加できるような柔軟な環境，適切な働きかけが求められます。遊びの自主性，自発性は，必然的な流れとして，他者や環境への能動的な働きかけを生みますから，そこを活かして良い循環をつくり出せるかどうかがポイントになります。そのためには，活動をリーダー側が教示する一つのモデルに限定せず，各々が選択したり，決定したり，自由な発想を活かしたりする場面を多く用意しておくことが大切です。

様々な乗り方で楽しむパラシュートムーブメント

「パラシュートに乗ってみたい」という
気持ちを引き出すことが原点

「からだ・あたま・こころ」の全面発達を支える

　人間は育つためには，からだとあたまとこころの全体を生き生きと働かせることが必要で，遊びはそれを可能にします。遊びを原点とするムーブメント教育では，子どもの全体を包みこみ，「からだ（動くこと）」と「あたま（考えること）」と「こころ（感じること）」の統合的な発達を目指します。「からだ」に着目した活動では，様々な運動や感覚の刺激において，運動能力や身体能力を身につけます。「あたま」の活動では，ことばや数の概念等認知面での課題を用意します。「こころ」では，豊かな情緒を刺激したり，社会性を育むために他者とのかかわりを設定したりします。そして，これらをそれぞれ別々に行うのではなく，「からだ・あたま・こころ」の全てをまるごと含んだ活動であることが，ムーブメント教育の特徴です。

　ムーブメント教育は，「動くことを学ぶ」，「動きを通して学ぶ」という2つの方向性をもっていると考えることもできます。「動くことを学ぶ」とは，運動能力や身体能力を高めることであり，「動きを通して学ぶ」とは，認知，情緒，社会性等心理的諸能力を高めることです（図2-1）。運動を活用しますが，命令や技能優先の教育・療法ではなく，課題を解決したり，他者と相互に作用

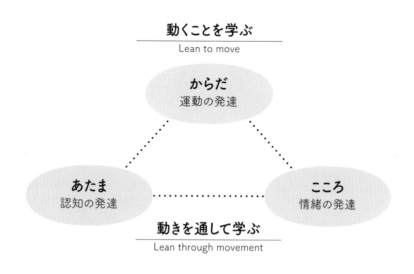

図2-1　全面発達を目指すムーブメント教育

したり，創造性を高めたり，学習能力を支援した
りするのが特徴です。

　例えば，トランポリンを活用したムーブメント
プログラムでは，様々な子どものニーズに合わせ
て，振動により平衡反応や伸展反応を誘発する，
バランス能力を刺激する，足，腰や関節の筋力を
高める，リズムやタイミング，空間意識を育てる
…等「からだ」の能力を刺激するための多様な遊
びの活動を用意することができます。同時に，「あ
たま」（認知面）を刺激するプログラムとして，
数を数えながら跳ぶことで数の概念を育てる活動
を取り入れることもできますし，友だちと交替で
跳ぶ順番を守ったり，2，3人でリズムを合わせ

リズムを合わせて
トランポリンを楽しむ

て跳んだりするかかわり方を大切にすれば，「こころ」（社会性）を育むことに
もつながります。

　また，弱いところを補うという視点だけでなく，得意なところ，輝いている
ところを見つけてそれを活かして展開するためにも，全体を見ていく必要があ
ります。例えば，肢体不自由の子どもは，「からだ」面で運動の弱さをもって
いますが，そこだけに目が向けられた運動支援では，弱点が目立ち，楽しさが
失われてしまいます。他の機能である「あたま」や「こころ」の輝きが出せる
ような活動の中で子どもの自主性を引き出しながら運動面を支援するのがムー
ブメントの考え方です。逆に，知的障がい児は，苦手な「あたま」の認知学習
より「からだ」や「こころ」の面に輝きがありますから，楽しく身体を動かし
創造的な遊びに参加する中で，自然に数やことばの概念を習得できることが望
まれます。

フロスティッグの発達観とムーブメント教育の達成課題

　フロスティッグは，「身体はどんな人にとっても最も重要な所有物であり，
しかも感情や動きを直接的に表現できるものである」と述べ，その能力の発達
は，いかに豊富なムーブメントを体験したかにかかっていると考えていました。
子どもたちが，ムーブメント教育を通じて，自身の身体を知り，身体を巧みに
使えるように学習し，また，意思伝達機能や認知機能を発達させ，創造的に自
己を表現し，情緒の成熟と社会性の発達を促すように学習することを目指しま

した。特に，強調されたのは，身体運動による取り組みによって，単に身体的能力の発達を促すだけではなく，学習能力，対人行動能力，自己感情や環境との関係についての発達を促進することを課題として掲げたことです。

　フロスティッグは，子どもの発達の順序を，感覚運動段階，言語発達段階，知覚発達段階，高次認知発達段階に分けてとらえ，それらの全期間を通して，子どもの情動的な要求を重視するよう唱えました。すなわち，ムーブメント教育においては，子どもの発達段階に合わせた環境を設定し運動の属性を多様に組み合わせることで，感覚・知覚・運動機能の向上と心理的諸機能の向上を図ります。同時に，他者とのかかわりや集団遊びから得る喜びや満足感，仲間意識を大切にして，子どもの情緒の発達も運動によって促進することを目標としたのです（**図2-2**）。

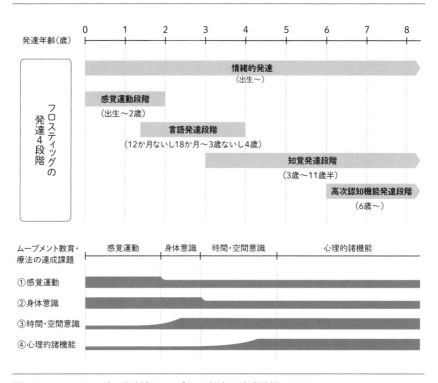

図2-2　フロスティッグの発達観とムーブメント教育の達成課題（小林他, 2014）

動く喜び，育つ喜び ─情緒的発達の重要性─

　このように，フロスティッグが掲げたムーブメント教育では，自己の身体を取り巻く環境において，身体を動かし行動するために必要な要素として，感覚運動機能の獲得から身体意識の形成，時間・空間意識の向上を促し，心理的諸機能を高めることを企図しています。つまり，「人は動くことによって自分を知り，世界を知る」のです（Frostig, 1970）。ムーブメント教育で行われる身体運動の最初の課題は，感覚運動を発達させることですが，楽しい運動遊びの中で子どもが主体的に自己の身体を動かす体験を重ねることで，あらゆる諸機能の発達を促すことにつながる手法を有しているのです。

　ここで，フロスティッグの発達観の特徴として，全ての発達段階において，子どもの情緒的欲求を重視している点をあらためて確認しておきます。フロスティッグがムーブメント教育の理論を体系化した半世紀前は，現在のようなウェルビーイングを志向する意識も乏しく，子どもの感情に対する考慮に欠けた機械的で訓練的な教育方法も多かったようです。そのような中でフロスティッグは，子どもの情緒の問題が教育の中心的議論から除外されていることを批判し，子どもを機械や動物のように扱い一方的に圧力をかけ，喜びを奪うような指導法について，誤った教育であり，その結果は子どもが成人したときに初めて解ることになると警笛をならしました。フロスティッグは，生きる喜びを実感できることが教育の重要な目標であるとし，そのために子どもが主体的に動きたくなる環境を準備し，自発的な成長の力に寄り添い支援することを教師の役割と説きました。

　フロスティッグが掲げたムーブメント教育の達成課題（感覚運動機能，身体意識，時間・空間意識，心理的諸機能の向上）は，「健康と幸福感」の達成に必要な基盤となる力であり，だからこそ，主体的に動く喜びの中で，子どもが自ら欲し探求して獲得した力で，生き生きと育つことを重視したのです。

「いかに」は「何を」と同じほど大切

　フロスティッグは，ムーブメント教育の教え方（「いかに」教えるか）は，教える内容（「何を」教えるか）と同じく重要であると述べています。

　私たち大人は，子どもに何を教えたいのか，子どもにできるようになって欲しいことをすぐに指し示してしまいがちです。もちろん，指導者・支援者として，活動の目的やゴールを明確に設定し，イメージしておくことはとても重要なこ

とです。しかし，どのようにしてそのゴールに子どもが向かうのかということについて詳しく考えておくことも同じくらい大切なことなのです。例えば，「跳び箱を跳ぶ」というゴールに対して，答え（見本）を示し，そのための最も効率的な手順を教え，練習（訓練）させるというのが従来の指導法ですが，ムーブメント的な発想を取り入れると，跳び箱を跳ぶために必要な動きを自然に育む運動遊びのプログラムを用意することで，子どもたちが自発的に活動し楽しい体験の中で「跳び箱を跳ぶ」というゴールに着実に近づいていくことができます。また，水泳指導の場面でも，「クロールの泳法をマスターする」という目標に向けて，大人はすぐに，水に顔をつけ，浮き，バタ足で進む姿を最初の段階として指し示してしまいますが，水中ムーブメントでは，水に顔をつけるまでに水の環境を活かしてたくさんの遊びを楽しみます。遊びの活動に夢中になる中で様々な動きを体験し自然に泳ぐために必要な力を身につけていくので，子どもたちは，水を怖がったり嫌がったりすることがなく，自ら泳ぎたくなり，少しずつ挑戦したいことも増え，結果的には，クロールも平泳ぎもできるようになっていき，泳ぐことが大好きな子どもを育てることができるのです。

水の環境を活かして楽しむ水中ムーブメント

遊びの環境の中では，子どもたちは，様々な活動に興味関心を抱き，自分の身体を自由にコントロールすることがとても重要であると気づきます。子ども自身が自分で判断し，思考し，行動する自主性を育むために，大人が活動を支配したり，命令的にゴールを指し示したりすることは最小限にしなければなりません。

　「何を」教えるかということと同様に，またはそれ以上に「いかに」教えるかを大事にするということは，子どもが自主的に学ぶための環境をどのように提供し，自らも環境の一部として，その場にどのようにかかわるか，子どもにどのように寄り添うかということについてよく考えるということになるでしょう。「いかに」のポイントが大事にされた遊びの場は，自主的な探求から得られる喜びに溢れ，自分自身を信頼する力を育みます。

2−③ 遊びを軸にした教育支援の留意点

子どもは遊びたいから遊ぶ
─発達支援を目指した遊び活動にある矛盾と危険性─

　子どもたちは，遊びを通して生きていくために必要な様々な力を身につけ成長していきます。その事実によって，特に子どもの育成支援，発達支援を目的に遊びの活用を考えるとき，「遊びは意味のある行動である」と位置づけられ，「発達のために」どう役立つかを明らかにすることが基本に置かれ探究されてきました。例えば，外遊びで体力を，集団遊びで対人スキルを，昔の遊びで器用さを得られるというように，様々な発達のために役立つとされる遊びを推奨するための教育学的，心理学的なアプローチが展開されています。しかし，それは，大人の価値観による遊びの定義づけであって，本来，子ども自身は遊びたいから遊ぶのであって，「○○のために遊ぶ」のではありません。子どもは，自分のしたいように夢中になって楽しんでいるうちに，「結果として」いろいろなことを体得します。

　大人が子どもの遊びにかかわろうとするとき，遊びのもたらす結果と目的の関係を取り違え，成果を求めようとする姿勢に偏ってしまう恐れがあることに注意しなければなりません。「この遊びをすると，こんな力がつく」というように，

その種類と効果を限定的にとらえて，遊びを子どもの発達を促すものとして利用しようとすることは，遊びが子どもの能力育成のための「方法」や「手段」として認識されることであり，その時点で既に遊びではなくなってしまう危険性をはらんでいます。すなわち，遊びのもつ教育的意義ゆえに遊びが推奨され，成長発達や能力開発のために目的志向型の場となり，子どもが遊びを「させられる」とするならば，それは既に遊びではなくなってしまうということです。遊びを活用した発達支援には，遊びのもたらす結果と目的の関係を取り違え，成果を求めて子どもの主体性を軽視した途端に，遊びの本質を損なうといった「矛盾」や「危険性」があることを知っておかねばなりません。

子育て支援においても様々な遊び活動が実施されていますが，一方的な「遊び経験」の提供ではなく，子どもが主体的に遊びを展開することができる環境として「遊びの場」をつくることを重視する姿勢が重要です。子どもの遊びが貧困化している，様々な遊び体験が不足しているということが課題として明白になっていますが，それを「教える」というやり方をとるのではなく，子どもの遊びが発展していくゆとりのあるかかわりとそのための環境を利用できるように整備していくことこそ大人に求められる役割と言えるでしょう。

障がい児の支援においては，特に注意が必要です。遊び活動が，社会参加を含めた様々な発達促進において有効であることは確かな事実ですが，遊びの本質的意義を決して忘れてはならないのです。もちろん，障害のある子どもたちのためには，遊びが生じやすい，より誘因力のある環境を予め用意して提供する必要はあります。しかし，それは，その子にとって遊びが発展していく最良の条件を整えていくことであって，一方的に「〜させる」ためではありません。遊びから受ける発達的利益は，子ども本人が喜びや楽しみを感じ主体的に参加してこそ意義があるのです。

共に遊ぶ存在として ―ムーブメント教育におけるリーダーの役割―

ムーブメント教育において，リーダー（教師・支援者）は，子どもに「遊びを指導」しようという構えではなく，自らが子どもと「共に遊ぶ存在」として，子どもと遊びの体験を共有することが望まれます。自分自身が子どもにとっての「遊び環境」の一つだという意識をもって，常に遊びの発展の方向性を探りながら，かかわる姿勢が求められます。真から子どもの良い遊び相手として，共に場を共有した上で，子どもが「やりたい」と思ったときに，いつでも参加できるような柔軟な環境づくり，適切な働きかけができる存在であることが必

要です。

　その際に必要なのが，その子が何をおもしろがっているか，その子にとって何が遊びになるのかを，見極める力です。子どもの目線に立って，遊びのおもしろさを理解するセンスです。それは，子どもの「発達段階」に合っているかという点と得意（強さ）－不得意（弱さ），好き－嫌いといった「特性や好み」を考慮しているかという２点に関係します。重要なのは，子どもが夢中になって精一杯の力を使って取り組む課題の設定であり，そのためには，遊びに見る発達の様相の理解と子ども一人ひとりの個性の把握が必要になります。つまり，一方的に遊びを指導し，「～させる」というやり方をとるのではなく，子どもの遊びが発展していくゆとりのある環境を提示して，共に遊ぶ存在として場にあり，子ども本人の好みを尊重し，選択を見守ったり，かかわりをアレンジしたりすることが，ムーブメントのリーダーに求められる役割であると言えるでしょう。

遊びが遊びのままであるために

　ムーブメント教育は発達支援法であり，遊び活動を通してあらゆる側面の発達を刺激し人間全体の発達を支えるのだという考えが根底にあります。しかし，同時に，その究極の目的は「健康と幸福感の達成」であり，活動の原点は遊びにあります。遊びは誰からも強制されない，自発的，主体的な活動であることに，その理念の基軸を置いています。ですから，繰り返し述べてきたように，「～させる」のではなく，「～したい」を引き出すアプローチが基本で，子ども自身が「楽しい」と感じ，活動に没頭することを重視して，子どもが自らで育つ力を応援する方法を追求してきました。

　子どものウェルビーイングに直結する遊びの力を子どもの教育支援に活用しようとするとき，もっとも重要なのは，遊びの本質を見失わずにいることです。そして，生じる矛盾や危険性について十分に理解して抱えながら，子どもにとって遊びが遊びのままにあるために工夫し続けることだと言えるでしょう。「健康と幸福感の達成」を目指して発展してきたムーブメント教育には，そのための方法論が豊富にあるのです。

ウェルビーイングを

視座とした

発達支援

3−① ウェルビーイングの視点から
あらためて子どもの「発達」を考える

子どもの育ちの「広がり」と「流れ」をとらえる

　子どもが自分から「〜したい」と感じて自ら取り組み学ぶことができるための課題は，子どもにとって努力が必要なものであり，簡単すぎるものも難しすぎるものも適しません。発達的にほどよく準備が整っている課題が求められます。すなわち，子どもが主体的に学ぶためには，子どもが挑戦したいと感じる課題が必要であり，そのためには，一人ひとりの発達に適している活動が提示される必要があるということです。そして，子どもに最も適した課題を提示するためには，一人ひとりの発達の様相を詳しく把握する必要があります。

　ムーブメント教育の基本は，人間の発達を統合的にとらえ，「からだ（身体運動）・あたま（認知）・こころ（情緒・社会性）」の「広がり」を常に考慮して，子どもの全体的発達を支えることにあります。個性を尊重しながら，子どもを包括的に考え，「生きることの全体像」をとらえようとする姿勢が重要であり，「からだ・あたま・こころ」の発達の全体性を考慮した取り組みが求められるのです。フロスティッグは，障がい児の療育のために，細かい診断にあたりながら，常に子どもの生活の全ての局面を考慮に入れる必要性を説き実践してきました。包括的に全体を見るということは，「曖昧」にとらえるということではなく，「個人の尊重」のために，子ども一人ひとりを「個別化」し，そして，その姿を「全体」としてとらえることを重視していたのです。

　また，人間の発達は，そのスピードや程度には個人差がありますが，一定の決まった順序や方向性をもって進行していくことが明らかになっています。フロスティッグは，発達は連続的であり，共通の段階を踏んでいくという事実をより詳しく知り，子どもたちの支援に活用していくために，子どもの発達段階を多面的に正しく把握することができる評価尺度（アセスメント）の開発に精力的に取り組みました。小林らは，これらの研究を引き継ぎ発展させ，人間の身体運動面，認知面，情緒面における発達の「広がり」と「流れ（連続性）」をとらえる日本独自のアセスメントツールの開発に力を入れてきました。それは，子ども一人ひとりの全体的な発達の様相をより細かに把握し，主体的な育ちの促進に最も適するムーブメント活動の環境を提示するためなのです。

ムーブメント教育は，一人ひとりの子どもの実生活や特性を無視して，標準的な発達段階の基準から想定されるゴールを目指す，「マイナスを埋めようとするアプローチ」ではありません。子ども一人ひとりを尊重し，主体的な育ちを支えるために，発達理論に基づいた具体的なアプローチを展開します。

「強み」を活かして楽しく

　企業の人材育成や自己啓発の領域では，既にウェルビーイングの考え方が浸透し，「弱み（欠点）を克服する」取り組みよりも自分が得意とすること「ストレングス（強み）」を活かそうという考え方が普及してきているようです。ムーブメント教育ではずっと前から，子どもの弱点に着目しひたすら訓練するような方法ではなく，強いところを伸ばすというアプローチが大事にされてきました。困難な状況にある子どもたちに対しては，発達の遅れや障害に起因する問題だけでなく，全体的な姿を評価することで，個人的な興味関心，得意なことの把握も重視することができます。「強み：ストレングス（得意なこと，好きなこと等）」を活かして子どもたちが主体的に喜びをもって取り組むことができる個別化されたプログラムを提供することで，子ども中心の教育を実現してきました。一人ひとりの子どもの「強み」をどんどん伸ばし，それらを活かして活動を発展させることで全体的な力が向上し，結果的に苦手だったことや弱い面，未発達な部分の支援にもつながると考えています。このことは，ムーブメント教育の原点が「遊び」であって，決して訓練ではないことにも深く関係します。

肢体不自由児のハルくんが立ち続けた理由

　ハルくんは，生まれつき下肢の運動機能障害があり歩行が困難でした。けれど，親子ムーブメント教室に参加し始めた幼児の頃は，這ったり，歩行補助具を使ったりして，元気に動き回る姿がありました。継続して参加しているうちに，立位も少しずつ安定し，移動の課題が多いプログラムにも笑顔で参加する様子に私たちも勇気づけられていました。しかし，ハルくんが小学校中学年になった頃，スタッフは，最近，ハルくんがあまり動かない，元気がない…と気づきました。お母さんとの面談で，他の子どもに比べて自分がうまく歩けないことを気にするようになり歩きたがらなくなっている…，移動できていたところでもすぐに車椅子を使うようになり，立ち上がることも減ってきているという様子を把握しました。

そのとき，私たちが再注目したハルくんのストレングスは，音楽への興味関心の高さです。クラシックからポピュラー音楽まで様々な曲をよく聴いて知識も豊富でした。そこで，活動の終盤でいつも楽しんでいた，パラシュートに子どもを一人ひとり乗せて揺らす活動で，ハルくんに音楽プロデューサーとして協力してもらうことを提案したのです。それまでも揺らしている間に，周りのみんなで優しく数を数えたり童謡を歌ったりしていましたが，ハルくんに，一人ひとりに似合う音楽を選んでもらうこととしました。ピアノ演奏を担当するスタッフと予め相談して準備するときから，ハルくんの表情は生き生きしていました。そして，10数名の仲間がパラシュートに順に乗っている間，ハルくんはパラシュートの縁を持って力強く，ずっと立ち続けていました。他の子どもたちのことを考えて自分が選んだ音楽で，その子がどんな反応を見せるのか，とても気になったのだと思います。パラシュートの中の笑顔になる仲間を覗きこんで，嬉しそうな表情で立ち続けるハルくんを見て，私たちスタッフも幸せな気持ちになった時間でした。

ゆっくり楽しく ―「楽しさ」による「自発性」と「継続性」―

　ストレングスを活かすことの意味は，「楽しさ」による「自発性」，そして，「継続性」にあります。子どもは自分が得意なこと，好きなことを活かした遊びならば，自発的にどんどん楽しんで，没頭し集中して取り組み続けます。「楽しい」から続くのです。このような活動では，かかわる大人の喜びも増し，好循環が生まれます。逆に，子どもの短所を浮き上がらせ弱点を克服する訓練的な活動では，子どもから笑顔は消え，涙する子どもを見て大人も必死に心を鬼にしなければなりません。辛い訓練では，続かないのです。

　発達には個人差があり，特に「ゆっくり」向上する障がい児の発達を支援するためには，活動の継続が重要です。生涯を通じた一貫性のある支援が求められていますが，実際には，それぞれのライフステージにかかわる機関がそれぞれに施策を講じており，断片的な支援となっている場合が多いことが問題となっています。ウェルビーイングの実現に向けては，各々が生涯を通じて主体的に継続でき，本人はもちろん，家族，スタッフ等かかわる全ての人たちにとっても楽しく，様々なライフステージ，そこで所属する機関の条件に合わせて無理なく続けられる支援が必要です。そのためには，楽しい「遊び」を最大に活かした支援法としてムーブメント教育が役立つに違いありません。

スモールステップで自信と喜びを

　日本では自己を否定的にとらえる子どもたちが多く，子どもの自尊感情や自己肯定感を高めるために学校や家庭で何ができるのか議論されていますが，ムーブメント教育では，これまで，子どもの喜びと自主性，達成感を大事に展開してきた実践の蓄積から，このような問題においても具体的な対策を提示できるのではないかと期待されています。

　ムーブメントの活動においては，一人ひとりの子どもが成功体験をし，自信をもって取り組めるように支援するための対応が求められます。失敗経験が多いと，課題を避けるようになったり，何事にも回避的・否定的になったり，自分はだめだと落ちこんだりしてしまいます。ムーブメントのリーダーは，活動を決して「失敗では終わらせない」という考え方に基づいて，集団のプログラムの中でも一人ひとりに合わせた課題設定をする等柔軟な対応を求められます。また，ムーブメント教育では，「肯定的ストローク」と呼ばれるプラスのイメージのことばがけや働きかけ，子どもをやる気にさせる肯定的な対応も大切にされています。「いいね」，「できてるよ」，「楽しいね」，「すごいね！」，「やったね！」，「ワクワクするね」等のことばがけと拍手や笑顔による肯定的なレスポンスは，できたときの良いイメージを自然に想像させることができ，前向きにやってみようかなという意欲を生みます。

　そのようなアプローチを保障するために，「スモールステップ」が重要になります。例えば，ある高さまで上がるのに階段があるとします。難なくあがれる人もあれば，中には，その段の高さに圧倒されて登れない人もいます。でも，一段ずつの段を細かくわけて低くしておけば登りやすくなります。そんなふうに課題を細かく分けて一つずつクリアできるように環境を設定するのが，スモールステップの支援の考え方です。

　スモールステップを重視した運動遊びのプログラムは，ムーブメント教育の独自のアセスメントであるMEPA-Rの項目や連携して開発された「ステップガイド」を指針にすることで実践ができます。例えば，「平均台を歩く」という運動課題に向けて，スモールステップの活動案を考えていくと，「床に置いた形板（スペースマット）の上を歩く」，「ロープの道（15㎝）を歩く」，「ロープの道（10㎝）を歩く」，「1本のロープの上を歩く」，「低くて幅広の歩行板の上を歩く」，「平均台の上を自分でできる方法で移動する」，「補助者の手を取りながら平均台の上を交互に足を出して歩く」，「平均台の上を1人でゆっくり歩く」

「平均台の上を歩く」のスモールステップ

等に細分化することができます。最終課題に到達するまで，時間と回数はかかりますが，その分，成功体験が増え，一つひとつに肯定的な対応が可能になります。子どもにとっても大人にとっても，その体験が自信と喜びに変わるのです。

アセスメントは，個人の尊重のために
―ラベリング，カテゴリー化の危険性―

　フロスティッグは，アセスメントの開発に尽力する一方で，子どもに「ラベル付け」や「カテゴリー化」を行うことを厳しく批判していました。困難を抱える子どもたち一人ひとりに原因と症状があり，一人ひとりに個別の対応が必要であるという考えから，教育において，大人が勝手に引いた境界線で子どもを分類し分離することには疑問を投げかけていました。子どもたちを分類することによって，カテゴリーに一致しない症状が見落とされ無視される危険性を訴え，どのような場合においても，子どもたち一人ひとりの発達において，「全ての面」を考慮に入れる必要性を説いていたのです。

　さらには，子どもに対するレッテル貼りが不必要な違和感の原因となり，親の不安や教師の悪い先入観につながる恐れがあることも指摘しました。よって，診断や評価は，決して子どもたちを分類するためでなく，子どもの現状や特性についてより深い理解と知識を得て，最適の教育計画を確立するためになされるべきであると考えていたのです。

　コロナ禍で教育現場は，それまでの常識を覆して教育の機会を確保しようと急速な変化が起こりました。その中で，同質性の高い学年学級制の中で，みん

なで同じことを，同じペースで，同じようなやり方で勉強するシステムが唯一の方法ではないことが明白になりました。教育の場がウェルビーイングであるためにはSDGs（持続可能な開発目標）の理念「だれ一人取り残さない」を意識する必要があります。また，「学校の持続可能性」の実現に向けて，これまでのような画一的で強制的な教育を脱し，子ども一人ひとりのニーズに適した個別化された教育に変えていく必要があります。

　しかし，「個別化」は個人を尊重するためであり，「孤立化」とは違います。共同で学ぶことの意義を軽視してはいけないという視点も重要です。ムーブメント教育は，集団の活動を基本としますが，その中で，子ども一人ひとりの「健康と幸福感の達成」を目指して，発達の様相の把握に努め，集団の力を個に活かしながら，個別の教育支援を実現してきました。一人ひとりの発達に寄り添いながら，子どもが共同体の中で健やかに，幸せに育つ環境でウェルビーイングを実現していくために，ムーブメント教育の半世紀にわたる蓄積を活かしたいものです。

子どもは，なすことによって自分の力で学ぶ

　日本の障がい児支援においては，子どもの能力を平均的な発達の指標と照らし合わせ，「発達の遅れ」をとらえ，いかにすればその「遅れ」を取り戻すことができるかという，「訓練」による「発達促進」の働きかけが従来の支援の主流でした。近年では，当事者の語りから，我慢や精進を強要される訓練の日々が自己否定を生み，生きづらさにつながるという事実も明らかにされてきました。鯨岡（2002）は，障がい児の教育や療育の場が，一方的な「能力向上」や「障害の軽減」を目指して，「ひたすら『できること』を追い求め，ひたすら『させる』働きかけ」をして発達促進を目指している実態を嘆いています。「教えこんで力をつける」ことに傾いてしまった場の歪みは，子どもの主体性をそぎ落とし，自信に乏しく，意欲を欠き，楽しむことを知らずに，「させられる」ことだけ黙々とする生き方につながってしまうと強調しています。

　しかし，短期的な成果に目が奪われやすい昨今の療育や教育の現場では，「させる」という関与，「させる」ことを強いる働きかけに偏りがちで，残念ながら，主体性を育むことは困難な状況にあると言えるでしょう。未だに，子どもの自発的な「発達」を支援するというよりも，学校の「基準」や「標準」に合わせて，いかに適応させるかを問い，そのための訓練的介入を強いてしまう現実も残っているようです。

一方，ムーブメント教育においてフロスティッグ自身が実践の信条としたのは，「子どもは『なすこと』によって，『自分の力』で学ぶ」という考え方です。子どもの発達は，子どものために配慮された状況の中での，「経験」によってもたらされるものだという論を重視していました。小林（2001）は，ムーブメント教育は，「学習者（子ども）が能動的に課題に挑み，次第に自分のものにしていくというアプローチ」であり，「外からの強化によらない『能動的な学習』が子どもの発達過程で多くの成果を上げている」と述べています。このように，ムーブメント教育では，発達の主体は子ども自身であるという視点に立って，子どもが自ら育つ力を支えることを基本と考えます。すなわち，まず，子どもの「発達の可能性」が，他者や遊具等の環境や共同体とのかかわりの中にあると考えます。そして，「発達の主体」である子ども自身が遊びの場で得るできごとや体験こそが子どもの発達に最も適した課題であり，子どもが自らの課題に出会う可能性の高い環境を提示することを目指すのです。

　OECDが示す「ラーニング・コンパス（学びの羅針盤）」という枠組みは，個人や社会のウェルビーイングの実現を目指し，私たちの望む未来（Future we want）に向けた方向性，複雑で不確かな世界を歩んでいく力を示しています。ラーニング・コンパスという比喩は，子どもたちが決まりきった指導や指示をそのまま受け入れるのではなく，未知なる環境の中を自力で歩みを進め，責任をもって進むべき方向を自分で見出すことの大切さを強調するために採用されたと言われています。

　障がい児のみならず，全ての子どもたちのウェルビーイングの実現を目指すために，子どもの主体性，能動性を重視した学びのあり方の検討が始まっており，この教育方法の改革において，ムーブメント教育における主体性を軸とした発達支援の実績が役立つに違いありません。

3-② 重い障害の子どもたちの笑顔が教えてくれること

重い障害の子どもたちに必要な感覚運動を遊びの中で実現する意味

　一般に，重症心身障がい児（重症児）や重度・重複障がい児は，身体を自由に動かして移動したり，操作したりすることが困難です。このために，感覚機能の発達も低下し二次的障害を招くことがあります。感覚運動による刺激は，生命の基本機能をつかさどる脳幹を活性化し，健康や発達の土台づくりに作用します。特に中枢神経系に重い障害のある子どもにとって，楽しく自ら動きたくなるような感覚運動を中心とした支援が重要となります。

　ムーブメント教育では，感覚運動のための発達課題として，次の3つを大切にしています（小林・藤村・飯村他，2014b）。

> ① 抗重力姿勢での感覚運動の経験
> ② 豊かな身体での揺れ感覚の経験
> ③ 身体意識，特に身体像の形成

　感覚運動の初期段階にある子どもたちに対しては，できるだけ横になった姿勢から抗重力姿勢をとらせるとともに，様々な姿勢で楽しみながら揺れたり，回転したり，移動したりする等の運動体験が重視されます。また，やさしく身体に触れるスキンシップを重視した活動や，身体部位を確認するような活動を通じて，身体像を中心に身体意識を育てる実践を取り入れていくことを重視しています。

　さらに楽しいムーブメント活動を通して，基本的な運動機能の発達はもとより，感情を表出する力，人とかかわる力の発達を応援し，最終的なゴールである「健康と幸福感の達成」へと向かうことが望まれます。例えば，発達に有効な揺れの体験だけなら，訓練器具に乗せて揺らすことで感覚運動の活動を提供することはできます。しかし，そこに心を躍らせるような状況や他者との楽しいかかわりを大切にする方法論をもたないアプローチでは限界があるでしょう。

　また，重い障害の子どもの場合，障害のある身体部位により注目が集まりがちです。部分的な運動機能の回復だけをねらう方法では，訓練的な要素が強くなってしまいますので，可能な限り身体全体での活動を取り入れることが重要です。一方的な運動や強い命令による訓練ではなく，遊具や音楽を活用して環

境からの問いかけを工夫することによって，活動に変化をもたせ，全身を用いて喜び溢れる遊びの活動を展開することが求められます。

その子のために必要だからと，「心を鬼にして」訓練させる方法では，かかわる大人も辛くなってしまいます。ムーブメント教育では，笑顔が溢れる遊びの場で，子どもを泣かせずに，保護者も支援者も幸福感を味わいながら，発達を支援することを可能にします。

「ゆっくり楽しく」を支えるムーブメント教育

「よいこの保育園」（東京都大田区）が主催する「親子ムーブメント教室」で，私はユミカさんに出逢いました。ユミカさんは既に十数年以上継続して参加していて，私にとってはムーブメントの大先輩でした。この教室で私は研修を積み，数年後，リーダーを引き継ぎました。初めてリーダーとして中央で子どもたちの名前を呼ぶとき，とてもドキドキしましたが，ユミカさんに近づいて名前を呼ぶと，ゆっくりと片手を動かして，私にタッチしてくれました。そのときのユミカさんのしなやかな指先の動きが美しいダンスのようで，私は見惚れてしまいました。そして，リーダーとして認めてもらえたようで，嬉しかったのを覚えています。その後もユミカさんが喜んでくれていたら，今日のプログラムはオッケーかな…と，駆け出しリーダーの私にとってはユミカさんの笑顔が励ましでもありました。ユミカさんのお母さんのケイコさんも，私のような実践者や若い母親たちにとっては頼りになる存在で，いつもみんなを元気づけていました。

ケイコさんは，ユミカさんが誕生し6か月を過ぎた頃から成長に不安を感じ，病院で検査を受け，生後8か月で脳性マヒと診断されました。その頃，ケイコさんは，どうしてやれば娘が喜ぶのか解らずに不安で，この子は産まれてきて幸せなのだろうかと悩んでいたと言います。そして，ユミカさんが3歳の頃に，ムーブメント教室に出逢いました。ムーブメント教室に通い始めた頃は，ユミカさんは眠ってしまっていることも多かったようですが，ケイコさん自身が楽しくて活動に参加し続けたと笑いながら当時をふりかえり語ってくれました。

そのうちに，ユミカさんも自分の力で楽しめることが多くなり，パラシュートや土手滑りが大好きになり，積極的な反応や笑顔がたくさん見られるようになりました。たくさんの楽しいムーブメント活動を経験するうちに，ゆっくりですが，確実に，「からだ・あたま・こころ」という全ての領域で成長を遂げていく我が子の姿がケイコさん自身の生きる力となりました。また，ムーブメ

ムーブメント活動を楽しむ
ユミカさん(幼少期)

ント教室という親子参加型の活動が，保護者同士の情報交換になるだけでなく，家族が子どもと一緒にムーブメント活動を体験することで，家庭での遊びの充実にもつながったそうです。

　「継続は力なり」を体現するようなユミカさんの元気な様子に，長続きさせるコツは？　と聞かれると，ケイコさんは「気楽に楽しくやれる環境を見つけ出すこと」と答えていました。毎日の生活の中で無理なく楽しむことのできる場面を見つけ出し，例えばお風呂で，例えば料理の準備中に，生活のあらゆる場面に遊びを取り入れ，家族でムーブメントを楽しんできたそうです。

ユミカさんの笑顔がかかわる人々の喜びに

　また，ムーブメントの活動でユミカさんの他者への興味，集団活動の意欲を感じたケイコさんは地域の活動にも積極的に参加するようになりました。近所の子どもたちとも遊ぶ機会をつくりたいと，自宅近くの保育所に願い出て子どもたちとの遊びや園の行事にも参加するようになりました。養護学校（当時）に通うようになってからも，保育所で遊んだ友だちとの交流が続いたそうです。体験保育の遊びを通して，ユミカさんの変化を嬉しく実感したケイコさんは，養護学校入学後は学校に自ら願い出て，居住地交流学習の場を設けました。当時は，まだ，学習指導要領に交流学習や共同学習の記載が無かった頃ですから，娘の笑顔をもっと見たいという一人の母親の一途で前向きな想いが周りの人々

を動かし、最先端の教育の場を実現してきたことにあらためて感動を覚えます。

　そして、地域の中で楽しく生きるためにも、人とのかかわりをたくさん経験させたい、育ち合う仲間づくりをしたいと考え、同じ地域に住む肢体不自由の養護学校に通う子どもとその家族、さらに学校の先生や支援者と一緒に、ムーブメントサークルをつくりました。これまで、地域の養護学校や通所施設を会場に、月１回のペースで開催されました。もちろん、ユミカさんはとびきりの笑顔で参加して、周りの人たちの笑顔を誘っていました。ケイコさんは、この活動にあたり、自分自身の経験から、まず、子どもの笑顔や成功体験を実感したり、保護者自身が安心感を得たりすることにより、保護者の幸福感が増すことを大事に考えてきたそうです。

　ユミカさんは、ムーブメント活動に継続的に取り組んだことにより、医療的かかわりや訓練だけでは到達できないほどの域に成長を遂げ、食欲増進や睡眠のリズムにも良い影響が現れ健康を保ち続けてきました。その姿に家族は、確かな手応えと自信をもつようになりました。この

ことは、乳幼児や重度重複障がい児者を対象としたムーブメント教育のアセスメント（MEPA-Ⅱ）を活用した家族による療育活動の実践記録から証明されています（大崎・新井, 2008）。

　重い障害の子どもたちのムーブメント活動におけるMEPA-Ⅱ活用の効果としては以下の点が挙げられます（**表3-1**）。

「ゆっくり楽しく」ムーブメントを続ける
ユミカさん（青年期）

表3-1 重い障害の子どもたちを対象としたMEPA-Ⅱ活用の効果

① 重い障害の子どもたちの小さな発達や芽生えの反応を見逃さずにとらえることができる。
② 体験不足による未発達を防ぐことができる。
③ 環境づくりの指針になる。
④ かかわる人たちの間で，子どもの情報を共有できる。
⑤ かかわる人たちの間で，子どもの成長の喜びを共有することができる。

コロナ禍で活動への参加が難しい時期もありましたが，ユミカさんは現在でもムーブメント活動に参加しています。長期にわたり，「ゆっくり楽しく」をモットーにムーブメント活動を継続してきたユミカさんの笑顔が，ムーブメント教育に携わる私たちを励まし，かかわる多くの人たちの喜びにつながっています。

3-③ 教室での学びに困難を抱える子どもたちの ムーブメント実践から

身体で学ぶ —学習障がい児を対象としたムーブメント教育の蓄積—

フロスティッグは，様々な困難を抱える子どもたちを対象に，健康と幸福感の達成を目指してムーブメント教育を体系化しましたが，特に，LD（Learning Disabilities：学習障害）の子どもたちへの教育支援に貢献しました。フロスティッグは，感覚運動の発達が，全ての機能に影響を及ぼすと考えており，LD児が，身体協応性運動に困難をもっていることにいち早く気づきました。そこで，運動面より学習面での困難に指導者の注目が集まりがちなLD児に対して「身体運動による感覚運動の支援は，人間発達にとって重要な教育である」との理念のもと，楽しい身体運動による教科学習の流れを生み出し，成果を上げました。具体的には，視知覚検査や感覚運動，身体意識の向上をねらったムーブメントプログラムの構造化を行いました。さらに，遊び中心の楽しい身体運動を軸とした授業であれば，LD児が抱えている行動の自己統制や対人関係の課題も無理なく改善できると説きました。

また，フロスティッグは，LD児の身体運動面へ支援に焦点をあてると同時に，

情緒的な面の支援の必要性についても主張していました。全ての子どもたちが，自分自身をよりよく感じたいという共通の強い要求をもっているが，LD児は，特に，学校における学習場面で劣等感を抱くことが多く，懲罰を伴う厳しい指導の中で安心して学ぶことができなくなっていることを懸念しました。それゆえに，彼らは，教師や級友からの親しみある態度，賛辞，笑いが溢れる環境で，より勇気づけられる必要があると唱えました。フロスティッグは，LD児が，安心できる環境で，創造への渇望や他者とかかわることの喜びを感じながら，幸せに学ぶことを追求し，LD児の情緒的，社会的発達の促進においても，ムーブメント教育を活用させてきました。

　さらに，「感覚と運動は相互に依存し，感覚の刺激は，日常行動でごく普通にみられる遊びや活動と結びつけて設定する必要がある」とフロスティッグの理念と合わせ，決して隔離的で訓練的な介入ではなく，子どもたちの日々の生活の中の自然な遊び活動，無理のない楽しい学習活動としてあるために，ムーブメント教育は発展してきました。

楽しい遊びの中で「かず」や「ことば」に出会う
―ムーブメント教育による「前教科学習」―

　フロスティッグは，「ムーブメント教育は，直接的・間接的に教科の学習に有効である」と述べ，言語教育や算数等の「前教科学習」のプログラムを作成しました。

　直接的には，例えば，多様な動きの体験により，動作を表すことば（「歩く」「走る」「跳ぶ」等）が増えます。さらに，空間的広がりの語彙（「前に」「上に」「周りに」等）や時間にかかわる動きの概念（「ゆっくり」「速く」等）が育ち，因果関係の意識も形成されます。また，遊具を使って長さや形を意識づけたり，数の概念を活用したりして，展開することも可能です。ムーブメント教育では，運動学習のあり方をそのままに教科学習に適用させているのです。遊びの環境の中で，子どもは，様々な活動に興味関心を抱き，自分の身体を自由にコントロールすることがとても重要であると気づきます。楽しく動きながら，「ことば」に出会い，「かず」に出会い，それらの概念を自分の体験を通して豊かに構築していくのです。

　さらに，間接的には，運動する力は自己像，記憶，知覚能力，集中力，時間や空間の中での思考力，連合過程，問題解決能力等の基礎的能力を増進させることによって，学習のための総合的な能力に影響を与えます。例えば，子ども

楽しく動きながら「かず」や「ことば」に出会う

　が椅子に座って教科学習をしたり，手での操作性活動に集中したりできるように
なるためには，それを支える諸機能，すなわち，認知機能や知覚機能の発達，
そして身体の育ち等のかかわりが必要となります。身体の育ちのうち協応性の
動きは，特に着座姿勢の「安定」を支える機能として，また両手の統合活動を
支える因子として必要となります。

　また，読み書き計算に困難を示す子どもの問題に対して，一般的に実施され
ているドリル的な学習法は有効な手立ての一つではありますが，それだけで子
どもが抱える課題の本質的な改善につながるわけではありません。なぜなら，
ひらがなを書けるようになってもカタカナ，漢字と課題が続くように，学年が
上がるにつれて学習の進度も速くなり，課題に追いつくことができなくなるか
らです。不得意な意識が重なるうちに情緒面において二次障害へ発展していく
ケースも少なくありません。先に述べたように，読み書き計算が苦手な子ども

の多くが，基本的な身体運動能力にも問題を抱えていることが明らかになってきていますので，計算ドリルや書き取りの課題をさせるより，身体図式や視覚と手指の動きの協応性を育てて，主体的に学ぶ力の基礎の部分を支援していくことが重要なのです。

　逆に，感覚や運動面だけに力点を置いた指導では，基本的な感覚処理や運動能力を高める効果はありますが，そうした指導がマンツーマンの訓練的な取り組みになってしまえば，自ら学ぶ力の養成にはつながらず，自己実現に向けたさらなる意欲や主体的な育ちを支えることができません。

　ムーブメント教育においては，楽しい動きを学習の中に取り入れることで，子どもたちは，「またやりたい」，「もっとやりたい」と教科学習ムーブメントの時間を楽しみにし，意欲的に学習に取り組むようになります。その姿に教師もまた喜びを覚えます。そもそも，遊びの本質を考えてみれば，本当の「学び」と「遊び」のあいだに境界線はなく，私たちはワクワクしながら行動することを通じて，結果として，新たな気づきを得て生きるために大切な力を自然と身につけていくのでしょう。運動遊びを原点とするムーブメント教育を活用することで，子どもが全身で主体的に学ぶ喜びを積み重ねることができ，それは，ウェルビーイングを実現する土台となるでしょう。

発達障がい児への身体運動面からの支援の必要性

　小林（2001）は，「学習に困難を示す子どもたちへの支援は，単に教室場面に限られるものではなく，身体運動面にも目を向ける必要がある」と論じたフロスティッグの主張を受け継ぎ，日本での研究実践を重ねてきました。1991年に横浜市の約7万人の児童生徒を対象にした実態調査からは，「教科学習の困難」「動きの不器用さ」「多動性など」の特徴を2つ以上併せもつケースが，LDとして特定された子どもの66%に見受けられたと報告しました。この結果は，LD児が抱える困難は多様であり，多元的な視点で対応することの必要性を示唆するものでした。中でも，LD児が健常児に比べて運動面で明らかに困難を抱えていること，特に鉄棒やボール遊び等の身体全身を使用した「粗大運動」および手先の不器用さ等の「微細運動」の困難さ，整列，行進から外れやすい等の自分と周囲との位置関係や方向性の困難さ（身体意識の未熟さ）等が明らかになりました。彼らは「ぎこちない子ども（Clumsy Children）」と呼ばれますが，身体全体の運動を統合する機能と動的な活動をする機会が乏しく，「身体協応性」が低いことが解りました。

「不器用さ」は，LDを論じる際に極めて重要な概念であるにもかかわらず，当時の日本では，LD児に対して，発達の土台にかかわる感覚機能や知覚機能を取り入れた身体運動による支援の必要性に目が向けられていませんでした。現在，LDは教育的概念用語として定着していますが，彼らが抱える困難さは，決して学齢期だけの問題ではなく，一生涯を見通した「生きる力」の育成に向けて，身体運動を活用した楽しい学習環境の中で主体的な学びを体験する必要があるのです。

　さらに，LDに限らず，ADHD（Attention-Deficit/Hyperactivity Disorder：注意欠陥多動性障害），ASD（Autism Spectrum Disorders：自閉症スペクトラム）等を含む発達障がい児への注目が集まった際も，私たちは，身体運動面からのアプローチの重要性を唱えました。発達障がい児は，教室場面での学習の遅れや多動，対人関係をめぐる問題に注目が集まったため，教育の現場においては，それらを克服，軽減する改善策に力が注がれる向きがありました。そこで，私たちは，ムーブメント教育の実践の蓄積から，発達の土台にかかわる感覚機能や知覚機能等を取り入れた身体運動面に目を向けた支援のあり方を示しました（小林・大橋・飯村，2014）。

遊びの中で応援したい主体性 —自分で選び，決定し，表現する喜び—

　障がい児が，指示待ちになったり，他者の決定に依存したりする傾向が多くなることはかつてより問題視されていました。例えば発達障がい児は，日々の生活の中で，失敗経験を重ねてしまいがちで，その中で，「どうせやっても自分ではできないから」と意欲や自信を無くし，結果的に，能力を発揮することを怖がったり嫌がったりして，「自己決定」や「自己表現」をする機会を失い，悪循環に陥ってしまうことが多くあります。最近では，このような傾向が，障がい児のみならず，多くの子どもたちにもあてはまるようになり心配されます。

　世界保健機関（WHO）は，自己決定をあらゆる文化に普遍的なものであるとし，また障害のある人々のQOLにかかわる重要な要因として掲げています。自己決定は，「自分の生活や生き方において大切なことを実現できるように，自分が主体となって行動すること」であり，「他からの不当な影響や干渉に縛られることなく，自分のQOLに関して自分の意思で選択したり，決定したりすること」だととらえることができるでしょう。

　日本国憲法第13条にあるように，自己決定権は，幸福追求権を構成する人権の一つと解釈されていますが，これまで，主に福祉の領域において障がい者

の自己決定に関する議論が行われ，2000年の社会福祉基礎構造改革においては，基礎理念の一つに掲げられました。しかし，子どもを対象とした自己決定については，議論が不十分とされています。よりよい自己決定のためには，子ども時代からの積み重ねが重要になると考えられます。障がい児教育の分野でも，子どもが自ら目標をもち，主体的にやってみようという意欲を育て，自分で判断して自分で決める体験を積み，自己決定力を養っていくための教育や療育がもっと重視されるべきです。

　子どもが自己決定をする力を支援していくためには，自己決定にかかわる内容について十分な情報と選択肢の提供が重要になります。例えば，「二者択一（赤と青どちらがいい？）」や「複数の選択肢を説明した上での選択（「赤，青，黄色，緑があるよ，何色がいい？」，そして，「選択肢を引き出すかかわり（どんな色が好き？）」や「選択肢を提示しないで選択させる（何色がいい？）」といった段階を想定することができます。

　ムーブメント教育の実践においては，このような選択肢がある課題の他，答えが一つではない活動，一人ひとりが違うことが尊重される自己表現の活動を大事にプログラムが考案されています。子どもにとって，自己選択や自己決定は「自立」につながる行為でもあり，自由度の高い遊び活動の中で楽しみながら体験していくことが重要になるでしょう。

「パラシュート，今日は乗らない」という参加のあり方も尊重したい

　パラシュートは，代表的なムーブメント遊具で，魅力的な環境づくりに役立ちます。中でも，パラシュートの上に子どもを乗せて揺らす活動は，ダイナミックで，笑顔が溢れる楽しい場面になります。気持ち良さそうに寝そべっている子，集中した表情でバランスをとって立ち上がろうとする子，細かく跳ね続ける子，高く高く飛び上がる子・・・，子どもの発達段階や好みに，周りの人たちの力加減もその場で適用して，一人ひとりに合った揺れの活動をつくり出すことができます。子どもたち一人ひとりの笑顔に周りの大人たちも誘われて笑顔になります。特に多動の傾向が強く集団活動が苦手な子どもの中には，このパラシュートのダイナミックな揺れの活動が大好きで，そこから，順番を待つことや小さい友だちに対する思いやり等，社会性を育む機会に発展することがあります。

　どんなタイプの子どもでも楽しむことができるし，みんなが一緒にかかわって幸せな気持ちを共有しながら，一体感を感じられるので，集団プログラムで

は，終盤の盛り上がりの場面で活用されることが多いのです。ただの大きな丸い布ですが，集団の力で，遊園地の遊具施設にも負けないほどのダイナミックな展開や一人ひとりのニーズに合った「乗せ方」が可能になります。ムーブメントの理念，「笑顔が笑顔を呼ぶ好循環」を表す象徴的な場面になります。

　さて，そんな魅力的なパラシュートの活動の中で，私があらためて考えたことがありました。発達障がい児とその家族を対象としたある現場でのこと，ムーブメント初体験の親子が多かったのですが，やはり，このパラシュートの揺れの活動は大盛り上がりでした。声を出して大喜びする子どももいて，顔を見合わせて嬉しそうな表情になるお母さんと支援者の方もいました。1，2歳の小さな子どもたちもお母さんの抱っこで乗ってもらって，穏やかに揺らしてもらい，笑顔を見せてくれました。あの子もこの子もみんな笑顔で楽しめた！すごい！よかったね！という盛り上がりの中，小学校高学年のある男の子に順番が回ってきました。その子の母親や多分これまでかかわってきたであろう支援者は，期待でいっぱいの表情でした。でも，その男の子は首を「イヤイヤ」と振って，「乗らない」という意思表示をしました。一旦，順番をとばして，他の子どもを乗せて，再度確認しましたが，乗ろうとしません。怖がっているようには見えなかったのですが，念のために，「じゃあ，小さいお友だちがやったように，座ったまま優しい揺れで乗ってみようか」と誘いましたが，やはり，首を振りました。

　周りの大人も何とか他の子が体験したように彼にも…という強い想いで，誘っていました。そしたら，彼がはっきりと力強い声で「今日は乗らない」と言いました。私は，すごくすっきりして，「そっか，了解！」と言いました。「えっ？乗せないの？」と，ちょっと残念そうな表情をする大人もいて，もうちょっと強引に誘ってもよかったかな…と，気持ちが揺らいでしまいそうでしたけれど，その前も後も彼がパラシュートを持って楽しそうに参加して，ずっと笑顔だったので，やっぱり，それでよかったと思いました。

　私は，クリエイティブなムーブメント活動の良さは，その子なりの表現，その人なりの参加の仕方が尊重されることが可能で，「みんなちがっていい」と「ちがうけれど，みんないっしょだと楽しいんだ」を感じる体験を提供できることだと考えて取り組んでいます。そして，特に，発達障害のある子どもたちとのかかわりの中で，「自己決定」の場面を大事に設定したいと考えるようになりました。子どもたちが，次第に指示待ちになったり，他者の決定に依存したりする危険性は先に論じましたが，そのような姿は，大人から見ると表面的な問

題行動の減少ゆえに、「社会的な適応」という形で評価されてしまうことの怖さもあります。

　子どもの「自己決定力」を育むためには、自己決定にかかわる内容について十分な情報と発達段階に沿った選択肢の提供が重要になるでしょう。「パラシュートに乗る」という活動は、ダイナミックな揺れの刺激で身体運動能力の発達を促進します。集団プログラムでしか体験できない貴重な活動でもあります。けれど、ムーブメント教育の究極の目的は、「健康と幸福感の達成」です。青年期、成人期までの発達の流れを考えたとき、「幸せ」の価値観は一人ひとり違うけれど、「幸せ」になるために、「自分で決める」という力は、「自分の人生を生きる」力の源で、全ての子どもたちに必要な力だと考えられます。そう考えると…、「パラシュートに乗らない」という形で参加することを決めた個人の意思を、まず受け入れることも大事なのだろうと思いました。

　単発の公開教室でその場限りのかかわりでしたから、彼が「『今日は』乗らない」と言ったことに対して、『来週は』、『来月は』と次の機会が約束されていたら、リーダーの私にも周囲の大人たちにも、もっと心の余裕があっただろうと思います。だから、子どもたちの生活の基盤となる地域や学校や保育所等の環境下で、無理のない自然な形で継続的な取り組みとして、ムーブメントによる遊び活動が展開されることが理想だと考えています。遊びによる発達支援は、生活の一部として、無理なく、ゆっくり楽しく継続されていくことで、子どものウェルビーイングの実現に、より役立つことができるのです。

環境との

相互関係の中で

子どものウェルビーイング

を考える

4-① 環境と対話する子どもの身体

子どもを育む「環境」とは

　今日，安心して子どもを産み育てることのできる「環境」の整備に力が注がれ，住環境，施設，設備，公的サポート体制の改善等，様々な取り組みが行われています。ここで，「環境」についてとらえ直してみると，私たち「人」は互いに影響を与え合う存在として互いに「環境」であると考えることができるし，人同士が集う「場」や共同してつくる「活動」も施設や設備以上の環境であると考えることができます。深刻化する少子化問題の対策においても「家族・地域のきずな」を強めることの重要性が唱えられており，子どもを育む家族のすばらしさや価値を地域全体で再認識しようという動きが見られます。子育て支援においても，子育ての困難さや負担を軽減するという視点からだけでなく，保護者自身が，また保護者と共に地域全体が「子育ての喜びを味わい，子育てを楽しむ力」を高めるような支援のあり方を探る必要性が求められているのは，子どもが暮らす地域全体を子どもを育む「環境」として考えれば当然の流れです。このような「子どもの健全な育成のために必要な環境づくり」の議論において，まずは，「環境」という概念をあらためてとらえ直し，施設や自然環境，大型遊具の整備だけではなく，私たちが認知できる様々な「モノ」や「音楽」，そして「人」，さらには，それらの多様なかかわり合いが生み出す「関係性」や「場」まで視野を拡大し，子どものウェルビーイングを育む「環境」の力について考えていくことが，ますます必要になるでしょう。

楽しい動的環境が誘い出す子どもの動き —アフォーダンス理論から—

　幸福度を高める産業の可能性を追求する動きは，「思わず行動してしまう」仕掛けを設けておくことで，ウェルビーイングを明示的に考慮したデザインという概念を生み出しています（前野・前野，2022）。例えば，エレベーターを使わずに階段を使ってほしいというときは，階段を踏むたびにドレミの音階が鳴る階段にすれば，面白がって階段を使う人が増え，それによって運動不足の解消にもつながるというようなアイデアです。

　同様に，ムーブメント教育では，「環境」の力を最大に活用し循環型のシス

テムを生むことを大切にします。例えば，目の前に風船が出てくれば，つい手を伸ばしてしまうように，私たちは，自分を取り巻く環境から様々な情報を獲得して，同時に環境に対して積極的に自らを発信してかかわっています。ですから，ムーブメント教育の活動では，様々な遊具や音楽や集団活動，空間の特徴を有効に活用して，参加者が「動きたくなる環境」，「触りたくなる環境」，「やってみたくなる環境」，「かかわりたくなる環境」をアレンジすることを重視しています。

触りたくなる環境（スカーフと風船）

　このように，ウェルビーイングを追求したデザインの分野の工夫とムーブメント教育の環境づくりには，私たちが環境からの刺激を受け，無理なく楽しく「～したくなる」という現象を活用している点に共通性があります。これは，「アフォーダンス」という理論でより理解を深めることができます。アフォーダンスとは，「afford：～を与える，～ができる」という語を元にする，生態心理学者Gibson（ギブソン）による造語で，環境が人や動物に与える「行為の可能性」を意味しています（佐々木，1994）。

　例えば，「新聞紙」はムーブメントの遊具として活用できる身近なモノの代表例で，私たちは「新聞紙」で，様々な遊び活動を展開することができます。これは，「新聞紙」が「破る」，「ちぎる」，「折る」，「まるめる」，「持つ」，「引っ張る」，「揺らす」，「ぴんと張る」，「上に乗る」…等様々な行為を私たちに「アフォード」しているからです。

　こう考えてくると，一人ひとりの子どもに合わせて環境をアレンジし，環境との対話を促し循環型のシステムを構築することが重視されているムーブ

メント教育の有効性に理解が至ります。言い換えれば，優れた支援者は，様々な環境が有するアフォーダンスについての知識を経験的に多数もっており，その上でプログラムに適したアフォーダンスを選択し，環境をアレンジできる力を有していると言えます。ムーブメント教育では，遊具や音楽を含めて一人ひとりの身体を取り巻く全てのモノを「環境」ととらえ，それらとの関係性をアレンジすることで遊び活動をより発展させることができると考えています。

感受し行為する身体と環境 ―世界は一人ひとり違う―

　さらには，同じ環境でも，人によって異なるアフォーダンスが知覚されるのだという視点も大事です。例えば，ゾウとアリでは，1本の木から知覚するアフォーダンスが大きく異なるように，人間も一人ひとりの存在（身体）はそれぞれ異なっており，ピックアップされるアフォーダンスが違ってきます。また，同じ人間でも，日々変化し発達しています。例えば，赤ん坊が寝返りをするようになり，お座りができ，立って，歩くようになって，ついには跳んだり走り回ったり転がったりするようになってきた過程をふりかえると，環境とのかかわりが子どもに様々な行為の機会を与え，その動きが身体発達をもたらし，そしてまた，動きや行為が変わると，それまでとは違う環境の発見があり，新たに発見された環境が新たな行為の機会を与えていくという，発達と環境の相互的で循環的な関係を理解することができます。

　アフォーダンス理論において確認したように，環境からピックアップする情報は一人ひとり違っています。ですから，同じ遊具でも，大人と子どもではとらえ方が違いますし，子どもの中でもどんな使い方が一番面白いのかは年齢や好み等によって変わってきます。また，同じ子どもでも日々の変化（発達）によって，遊具とのかかわり方が違ってきます。リーダーは，自分の身体以外の身体と遊具とのかかわりを想像しながらプログラムを考案する必要があります。充実したプログラムを展開するためには，発達段階に合わせた遊具の活用法について，把握しておくことが重要になります。すなわち，ムーブメント教育においては，「環境」の力を最大限に活用するために，「環境の意味は一人ひとり違う」という事実を忘れてはならないのです。

遊具を誰のために何のために使うのか ―遊具は「ツール」でしかない―

　ムーブメント遊具は，ムーブメント教育の考え方を実現するために開発された有効なツールです。様々な遊び活動を生み出すムーブメント遊具に共通した

スカーフの「アフォーダンス」と活用例

　特長は，アフォーダンスの豊富さにあると言ってもいいかもしれません。しかし，あくまでもツールであって，遊具を使うこと自体が目的ではありません。教師やリーダーは，常に，「誰のために（対象）」，「何のために（目的）」，遊具を使うのかという点を見失うことがないように心がけた活用が大切です。遊具のもつ魅力や特性をつかみ，子ども一人ひとりの発達段階や強み，集団の特性に応じて，「どの遊具」を「どう使うか」を考えながら，「動きたくなる環境」，「触りたくなる環境」，「かかわりたくなる環境」を提示することで，活動をより充実させることができるでしょう。
　私が担当している教師や保育士，支援者を対象とした研修では，「ムーブメ

ント遊具の具体的な使い方を教えてほしい」という要望が多く寄せられます。現場のニーズにお応えして，ムーブメント遊具の豊富な活用法ついて解説する前に，「遊具は有効なツールであるが，ツールでしかない」ということを強調してお伝えしています。ですから，もしも先生方が準備した遊具の活用法に対して，目の前の子どもが興味を示さなかったら，どんなに念入りに準備をしたとしても固執せずに潔く撤退して，子どもが遊具にどのように出会っているか観察しましょうと伝えています。もしかしたら，その子にとっては違う遊び方が合っていたのかもしれないし，そもそも，その遊具より興味のある遊具が他にあるかもしれません。

かごに夢中

実際，私があれこれ工夫して準備した遊具に全く興味を示さずに，それらを入れていたプラスチックの「かご」で，子どもが遊び出したことがあります。正直なところ，一瞬愕然としましたが，次の瞬間，私は，遊具を全てどかして，さぁ，この子とこのかごで遊んでみようと決めました。かごでこんなに遊べるんだな…と，かごのもつアフォーダンスを子どもと一緒にあらためて発見することができた楽しい体験でした。

そーっと動きたくなる環境 ―イメージの活用―

遊具や音楽以外にも「イメージ」を共有することで，遊びの環境づくりが可能になることもあります。

例えば，多動の傾向がある子どもは，絶えず動き回ったり大声を出したりして落ち着きがないと思われがちですが，自己の身体意識や周囲を取り巻く時間・空間の因果関係の意識等が弱いため，行動をコントロールする上で様々な困難が生じている場合があります。自己コントロールが苦手な子どもたちには，強制的に静かにさせるのではなく，身体を思いきり動かす遊びを十分に提供した上で，活動に「動」と「静」のアレンジを加え，適度な緊張を引き出していくとよいでしょう。音が聞こえている間は激しく動き回って音が止まったら静止したり，布を大きく動かした後で一斉に止める動きを織り交ぜたりしてみます。そのような活動の際に，例えば，「風」のイメージを共有しながら音楽も活用し，

「やさしい春風」,「台風のときの突風」等様々な「風」を表現する動きを楽しむことができます。

　また,身近な生き物や絵本の登場人物になりきることで「静」の動きの必然性を取り入れることができます。「魔法をかけられて銅像になって動けなくなった人」の役や「お昼寝しているクマさんを起こさないように移動する」という設定でイメージを共有しただけで,じっとしていることが苦手な子どもを含めて,じっと静止したり,みんなと一緒に静かにそーっと移動したりすることができました。

包みこみ,まなざしの共有を促す自然環境の力

　屋外でのムーブメントはより魅力的です。土手を滑ったり,芝生の上を転がったりするような,屋内のプログラムとはひと味違った活動も楽しまれています。これも自然環境が私たちに与えるアフォーダンス:「行為の可能性」を活かして展開していると言えるでしょう。

　プールで実践されている水中ムーブメントの活動の豊富さを知ると,「水」という環境が私たちに「泳ぐ」こと以外にも多くの行為を与えてくれているのがよく解ります。私の周りには子どもとかかわるのが大好きでムーブメントの遊び活動に参加する学生

屋外のムーブメント活動

が多いのですが，中には，それ以上に，生き物や植物が好きで自然の中の活動のとき，より生き生きする学生たちもいます。彼らの子どもへのかかわり方を観察していて気づいたことがあります。それは，好きな魚や虫や植物をそっと紹介したり，「触ってみる？」と誘ってみたりして，生き物たちを媒介にして，子どもと触れ合うあり方です。正面切って向かい合いダイレクトに接する方法と違って，同じものを見つめて，まなざしを共有してつながる関係もやさしくていいな…と気づきました。

　遊び活動を専門にしていると，ついつい，子どもを全身で受けとめることと自分の全身を相手に押しつけて当たっていくことを取り違えてしまいます。私は，自然環境を活かしたムーブメント遊びの実践は，自身が環境に包まれる感覚を取り戻し，リーダーとしての態度をふりかえり，新鮮な気持ちで遊ぶ主体になるためのリセットができるような気がしていますので，これからも大切に取り組んでいきたいと考えています。

　あるとき，隣の研究室で自然保護活動に取り組んでいる団体の学生たちにも協力してもらって，日頃大学のムーブメント教室に参加している親子を対象に，「かわ遊び」の企画を実施したことがあります。障害のある子どもたちは，学校行事や地域のイベント等に参加する経験が少なく，川にも危険がありますか

かわ遊び

ら，私たちスタッフは，準備の段階で様々なリスクを想定して安全面の対策を練っていました。しかし，実際開始してみると，大人も子どもも目の前に広がる川や生き物に夢中になって，自然に溶けこんでいました。その上で，参加者は，リーダーの学生たちの説明はよく聞いて，事故も無く順調にプログラムは展開しました。各々に没頭しつつ全体としてのまとまりを保ちながら，川の流れのように緩やかな遊びの時間が流れていました。

　「自然」という環境を介することで遊びの時空間をすんなり共有できることにあらためて気づくことができ，私にとっては，とても新鮮な時間でした。コロナ禍で，換気の良い屋外での遊びの価値が見直される動きもありました。あらためて，自然を偉大な遊び環境ととらえ，その力を活用して，ムーブメントのプログラムを楽しんでいきたいと考えています。

4-② 個と環境の「相互関係」でとらえる子どもの姿

WHOのICFに先駆けて

　ムーブメント教育では，環境との相互関係の観点から，遊具や音楽等を活用して，子どもの興味を駆り立てる魅力的な遊び環境づくりを重視してきました。すなわち，個人と環境の相互関係として現象をとらえる視点から，「環境との対話」を重視して動きを引き出すアプローチを基本としています。これは，2001年のWHO（世界保健機関）が提示した障害概念の改訂において，世界的に確認されるようになった考え方を先駆けて実行していたことになります。

　WHOは，人間の生活機能と障害の分類法として，国際生活機能分類（International Classification of Functioning, Disability and Health：ICF）を採択しました。改訂前のWHO国際障害分類（International Classification of Impairments, Disabilities and Handicaps：ICIDH，1980年制定）による障害のとらえ方においては，最初に機能障害（impairment）があり，それが能力障害（disability）を引き起こし，社会的不利（handicap）をもたらすという一方的な関係でマイナス面を分類するという考え方が中心でした。これに対し，障害の概念を個人内の現象としてだけではなく，環境との関係でとらえ，プラ

ス面を重視するという視点を明らかにしたのが特徴です。ICFでは,「心身機能・身体構造」レベルの障害の有無によって健康状態の全てを判断するのではなく,「活動」レベルや「参加」レベルを独立させて,その上で,「個人」と「環境」の相互関係でプラス面を重視して全体をとらえるのです。「個人因子」とは,その人固有の特徴であり,年齢,性別,生活歴,価値観,ライフスタイル等を指し,「環境因子」としては,まず物質的な環境因子として,建物,道路,交通機関のほか,車いすや杖等の用具等も挙げられます。また,人的な環境因子としては,家族,友人,仕事上の仲間等で,さらにその人が暮らす場にあるサービス,制度,政策も制度的な環境因子と考えられます(**図4-1**)。

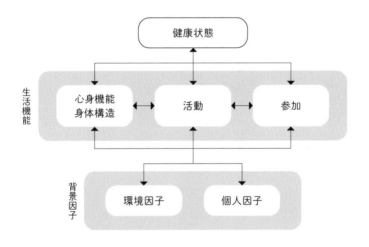

図4-1 ICFの構成要素間の相互作用の概念図(WHO, 2001)

環境の力を最大限に活かす —「〇〇があれば△△できる」の発想へ—

ICFは,概念図に示された双方向の矢印に象徴されるように,個人と環境の「相互作用」に着目し,障害の構成因子に環境が重要な要因を占めるという新しい考え方が明記された点が特徴です。例えば,歩くという「活動」に制限があっても,楽しい旅行に「参加」することに制約があるかどうかは,その人の個人因子や環境因子によって随分変わってきます。このようなICFの活用によって,福祉や医療,教育の現場に,個性を尊重しながら人間を包括的に考え,「生

きることの全体像」をとらえようとする動きや個人と環境の関係性から、「○○があれば，△△ができる」という視点，「マイナスを減らすことよりも，プラスを増やす」という視点から支援の方向性を探ろうとする取り組みが増えてきました。

　このような考え方は，ムーブメント教育では，WHOの提言が出る前から，ずっと大切にされてきました。例えば，ムーブメント教室に初めて参加した母親が「うちの子は自閉的傾向があって集団活動に参加できません」と報告したとします。その時，ムーブメントのリーダーは，その訴えを「これまで，その子が参加したいと思う集団活動の環境に未だ出会ったことがない」のではないかと考えてみます。そして，障害特性も含めたその子の個性に配慮し，好きなこと，興味あること等のストレングス（強み）を活かしながら，様々な人的・物的「環境」をアレンジして，「活動」，「参加」の充実に着眼し，魅力的なプログラムを考えていくのです。環境の力を最大に活用して「循環型」のシステムを考案し，子どもが自ら「動きたい」，「触りたい」，「かかわりたい」と思う環境を提示し，自然な動きの拡大を図ります。すなわち，ムーブメント教育は，従来の能力開発を目的とした対処療法的な訓練法と比較すると，「個人への介入ではなく，環境をデザインし関係性をアレンジする」という考え方が根底にあり，「課題（プログラム）は一方的に与えるのではなく機会として提供し，子どもが主体的に体験することで成立する」というアプローチを重視します。

　WHO-ICFのモデルの普及によって，最近では，子どもと環境は相互に影響するものであり，環境を十分に整えることで，子どもの学習する力，考える力，挑戦する気持ちが高められていくという考え方が普及してきました。障がい児を対象とした取り組みはもちろん，全ての子どもたちが幸せに学び育つ環境づくりに向けて，ムーブメント教育による実践の蓄積が大いに役立つでしょう。

4－③　人こそ環境

様々な個は居るだけで環境に影響を与えている

　ムーブメントの実践の中では，大人も子どもも，参加するみんなで遊びの場

をつくるということを大事にしています。それは，遊具や音楽や施設と同様に，その場に集う「人」たちを重要な「環境」としてとらえ，それらが活動の充実度にかかわると考えているからです。子どもたちは他の子どもの動きを見ているだけで新しい刺激を受けています。母親たちの優しい歌声で安心してパラシュートに乗ることができたり，父親たちのパワーでアクティブな活動が展開できたりします。集団の拍手や応援の声は子どもたちに勇気を与えますし，誰かの笑顔がまた違う誰かの笑顔を生みます。

一人ひとりの身体を取り巻く様々な「モノ」全てが動きを引き出す「環境」であり，それらとの関係性をアレンジすることで，参加者の自発性，自主性を重視して活動を発展させる方法で遊びの場を展開していくと，自分たちが互いに重要な「環境」であるということに気づきます。私たちはそこに「居る」だけで，お互いの「環境」であり，影響を与え合っているのです。

「幸せに学ぶ」モデル ──フロスティッグが求めた「伝道者」としての教師像──

フロスティッグは，教師の役割について，子どもたちが自ら「積極的に，幸せに学ぶ」ための重要な「モデル」となることだと論じています。

> 教師のおこなう教育は，教育についての最新の考えと技術をいつももっているということだけではなく，全ての子どもについて配慮するのと同じ仕方で，自己の人格をも教化することでなければならない。文明のもっともよき伝道者とは，自分自身を教化する人のことである。倫理的態度のもっともよき伝道者とは，自分自身が倫理的な人のことである。尊敬と共感性のもっともよき伝道者とは，自分自身を尊敬し，共感する人のことである。学問への情熱のもっともよき伝道者とは，自分自身が情熱的な人のことである。美のもっともよき伝道者とは，自分自身が美しいものを愛する人のことである。創造性のもっともよき伝道者とは，自分自身が創造的な人のことである。こうしてみてくると，私どもの教育には終わりがないのである。
>
> (Frostig／伊藤ら（訳），1981；pp.261-262)

フロスティッグは，人間が互いの環境として影響を与え合うという相互作用を重視しており，教師は，子どもにとって最も影響力のある「環境」であるというとらえ方で，子どもの学びのため良い環境として，幸せに学び続けることの必要性を説きました。

セミナーでのパラシュート

　ムーブメント教育に関する研修やセミナー等には，多くの教師，保育者，支援者が参加しますが，まさに，「幸せに学ぶ」モデルだなと感じる大人たちにたくさん出会います。

ムーブメントリーダーの口ぐせ ―アイ・メッセージで喜びと感謝を伝える―

　活気のあるムーブメントの活動を展開しているリーダーには，最も影響力のある環境としての共通点があると感じています。それは，まじめで指導者的な「評価」のことばにすり替えることなく，自分自身の喜びのことばを連発しているという点です。子どもたちの活動を「評価」するというより，自分自身の喜び溢れる心の表現として「承認」するということのほうが多いように感じます。

　心理学者マズローが唱えた欲求階層説においては，私たちは，安心安全な人間関係の中で愛され，その存在を丸ごと受けとめ認められて初めて自己実現に向けて動き出すことができると考えられています。「あなたがそこに居ることを，私はいつも見ているよ，受けとめているよ」というメッセージを伝えることは，子どもの存在を認めることにつながります。

　また，子育てや教育の現場でも，「アイ・メッセージ」の活用が紹介されるようになりましたが，「アイ・メッセージ」のアイは「Ｉ」です。主語を「私は」にすることで相手やその時の状況について自分はどう感じているかを正直に相手に伝えられます。「あなた」を主語にして，非難，評価，説教，指示をすることが多い「ユー・メッセージ」に比べ，言われた相手は「責められた」という感情を抱かず素直にそのことを認めやすくなります。子どもの存在を丸ごと承認することばに，さらに，「私」がどう感じたかという気持ちを素直に加えることで，肯定的な承認が可能になります。例えば，「元気なお返事が聞けて，嬉しいなぁ。」，「今日は，○○ちゃん，すごく元気だね，先生も元気出てきちゃったよ。」，「小さい子を先にパラシュートに乗せてくれて，ありがとう。」…等，

相手の存在を認め，相手の良いところを見て心に留め，自分のハッピーな想い
と共にことばに出して伝えることです。

　子どもの存在，行動を肯定的に承認することばがけが子どもたちに安心感と
信頼感を与え，場を明るくし，そのことばを伝えたリーダー本人も優しい気持
ちになります。「評価」される喜びより，「承認」される喜びのほうが，自分が
自分である幸福に満たされ，認め合う喜びに発展し，自分と他者とを愛する力
が育まれていくでしょう。

　ムーブメント活動においては，「すごいね！」，「楽しかったね！」，「うれし
い！」，「感動した！」，「元気をもらいました」，「君と一緒にやると楽しいよ」，
「今日は会えてうれしかった」，「幸せだわ〜」，「いや〜，上手でびっくりした
よ！」，「ありがとう」，「また一緒にやろうね！」…といったことばがけを一つ
でも多くできるように心がけてみてください。同時に，そのことが，肯定的に
承認できる場面を増やそうとする工夫につながり，活動の基軸を支えるポイン
トになるでしょう。

ムーブメント活動では「見学」ではなく，「参加」してください

　研修会や公開講座等と連動して実施される親子ムーブメントの実践では，大
人のみで参加する人が親子以上に多い場合があります。そのようなシチュエー
ションでは，私は大人の参加者がただ「見学」して学ぶだけではなく，一緒に
参加できる（参加しないと展開できない）ような仕掛けをしたり，大人の身体
そのものを遊具にしてしまったりして，展開を工夫することにしています。

　例えば，遊具をペアで持ってもらって，子どもたちがくぐったり，またいだ
り，ぶつからないように避けて移動したりする活動ができるようにしてみま
す。遊具を使わずに大人の身体をアスレチックの遊具に見立てることもできます。
すると，大人の参加者は，自然と子どもたちの動きに合わせて声をかけたり，
一人ひとりの状況に合わせて少しずつ形を変えて難易度を調整したりして，一
緒にプログラムを担ってくれます。自分の身体を場に提供することで，自分自
身が「遊び環境」であることを自覚することができます。

　子どもたちのウェルビーイングを考えてみれば，同じ数の大人がその場に居
た場合，こんなふうに大勢の大人たちに遊んでもらえるのと，しかめっ面の怖
い顔で観察しているだけの大人たちに取り囲まれて，「いつものように遊んで
ください」と言われるのとでは，大きな違いがあることは歴然です。

大人の身体も遊び環境

笑声溢れる即興劇 ─ 大人気！ 絶対失敗しないボーリング─

　これまで，学生たちが考えたプログラムの中でも，忘れられない傑作として，
「人間ボーリング」を紹介したいと思います。ある年，大学の公開講座の一環
として，夏に開催された親子ムーブメント教室には，大勢の参加者を迎えるこ
とになりました。大人数と体育館のアリーナという広い環境を活かすために，
学生たちと相談して思いついたのは，お祭りのときの「出店」を巡るようにい
くつかの遊びのプログラムを親子で回ってもらう方法です。「夏祭り」をテー
マに，6つの出店に扮した遊びのエリアを親子は順に楽しむことができるよう
設定されました。
　「輪投げ」や「わたあめ」，「的当て」等の祭りの出店らしいエリアが並ぶ中で，
最も人気を集めたのが，「人間ボーリング」です。内容は，至ってシンプルで，
学生や公開講座に参加している大人たちがピン役になって立ち，子どもは大き
なバランスボールを転がすという設定で，ボーリングに見立てました。愉快な
のは，ピン役が，自らボールの転がってくるほうに移動して当たりに行くとこ
ろです。当たったら飛び跳ねて倒れるピンの動きを表現するという単純な演出
になっています。つまり，絶対に失敗しないボーリングなのです。

絶対失敗しない「人間ボーリング」

　ピン役の学生は，手作りの白いムーブメント遊具「コクーン」（白いストレッチ素材で全身が包まれる大きさの袋になっている布）に入り，すっかりピンの姿になりきりました。残りのピン役になってくれる大人たち用に防空頭巾のような簡易タイプのものを製作して，それを被ってピンになってくださいと誘いました。準備したものはこれだけですが，当日参加の大人たちも学生に負けず劣らずダイナミックに飛び跳ね，倒れるピンの動きを面白く演じてくれるものですから，子どもたちは声を出して笑ったり飛び跳ねたりして喜びを表していました。この遊びが気に入った子は，何度も並んで順番を待って，ボールを投げていました。

　私は，当時，このプログラムを考えた学生たちの感性に脱帽しつつ，子どもと大人が共に遊び，繰り広げていく身体表現遊びによる即興パフォーマンスに大笑いしました。今でも映像を観る度に幸せな気持ちになります。

「本気で遊ぶ幸せな大人」という環境

　このように，私が大学で実施してきたムーブメントプログラムでは，ムーブメント教育に関する授業を通して，学生たちが参加し，活躍しています。学生たちは，専門的な知識や経験は不足していますが，その分，自分自身が好きなこと，仲間と一緒に楽しむことができるテーマを拠り所にしてプログラムを考案してきました。特に，私の周りにいる学生たちは，自分たちが楽しむことに貪欲で，仲間と共に準備をしながらよく笑い，子どもたちと遊ぶ日のことを考えてワクワクしているようでした。

　例えば，アートが好きな学生たちは，子どもたちとも絵を描いたり光で遊んだりする要素が含まれたプログラムを考えるのが得意です。特技の和太鼓を活かして，リズム遊びのプログラムを展開する学生もいました。「こいのぼりに

乗りたい」という自分自身の子どもの頃の夢を叶えたかった学生が，「こいの
ぼり丸太」（こいのぼりに布団を入れて子どもたちがまたがることができるよ
うなオリジナル遊具）を制作しました。学生たちと子どもたちのかかわる様子
を見ていると，「指導してくれる先生」や「世話をしてくれる大人」に比べて，「本
気で遊びに興じる存在」，「共に幸せに遊ぶお兄さん，お姉さん」である学生の
ほうが，より魅力的な「環境」として認識されているのが解ります。

　魅力的な遊具や施設ももちろん大切な「遊びの環境」ですが，ムーブメント
教育において，「環境」を考えるとき，「人」も環境の一部としてとらえるとい
う視点が重要で欠かせません。私は，学生たちの取り組みに寄り添いながら，
彼らに教えられたことが多く，「人も環境」ということば以上に，「人『こそ』
環境」と唱えるようになりました。そして，ムーブメントの場の担い手として
リーダーに最も必要な資質は，「本気で遊ぶ幸せな大人」として，子どもと共
に存在することなのだと気づかされました。

学生たちが考えた
プログラム

4-④ 集団遊びの場で醸成される 「かかわりたい」という欲求

「集団の中で個を活かす」，「個の支援に集団を活かす」

　子どものウェルビーイングの実現に向けて，一人ひとりの発達に合わせた個別の対応はもちろん大切ですが，同時に，様々な発達段階の子どもが共に活動する中で学ぶことも重要であり，そのための学習環境のあり方を考える必要があります。ムーブメント教育は「集団の力（他者がいる状況下）で成立する」学習であり，「集団の力と自分の力で学習していく方法」をとると主張してきました（小林，2001）。

　このような考え方は，最近，あらためて注目を集めているヴィゴツキー（Vygotsky）の「発達の最近接領域（ZDP：the Zone of Proximal Development）」に通じるものです。ヴィゴツキーは，「一人で到達できる段階」と「他者や道具の援助によって到達できる段階」の間を「発達の最近接領域」と呼び，教育はこれに合わせて行うべきであると主張しました（ヴィゴツキー；土井・神谷（訳），2003）。また，遊びはそれ自体が「発達の最近接領域」を創造すると述べ，「遊びの中では，子どもは常に平均的な年齢や，日頃の行動よりも勝っている。遊びの中では，子どもは自分より頭ひとつ分，身の丈が高いのである」と論じています（ヴィゴツキー；神谷（訳），1989）。これは，個別の訓練的指導を軸とする支援とは大きく違うものであり，子どもの育成支援における集団遊びの必要性について，時代を超えて大きな示唆を与えていると言えるでしょう。ヴィゴツキーの理論を敷衍すれば，子どもの発達水準を見る際に，現時点でその子が「できる・できない」で判断するのはなく，他者や環境との関係性の中に現れる発達の可能性を見極めることが重要になります。

ミラーニューロン ―場に「居る」ことの意味―

　ムーブメント教育では，障害の有無や程度，年齢で子どもたちの活動を分けることをせず，様々な子どもたちが同じ集団で活動することを可能なかぎり重視してきました。最初は集団プログラムにすぐに馴染むことができず，怖がったり，興味を示さなかったりしていたのに，他の子どもたちが楽しそうに活動している姿に触発されて，場に吸い寄せられるように自然に活動に入っていく

ことがあります。また，全く活動に参加していなかった（参加していないように見えていた）子どもが，数か月後，突然集団の輪の中に入ってきて，まるでこれまで一緒に活動していたかのようなスムーズな展開と楽しそうな姿を見せてくれることもあります。年下の子どもが年上の子どもの動きをじっと観察していて，同じように

「する」こと・「見る」こと

やり始めることもあります。ですから，たとえ部屋の片隅でも，少し離れていたとしても，その子が集団の活動を見たり聞いたりして感じ取ることのできる場に居たのならばそれだけで意味がある，場に居ること自体がまず集団活動への参加であり重要な経験であると考えてきました。

　ムーブメント活動におけるこのような考え方が，最近の脳科学研究の成果によって裏付けられました。大脳皮質の前頭葉で見つかった「ミラーニューロン」は，その名前が示唆するように，自分が行動するときと，他人が行動するのを見ている状態の両方で活動電位を発生させる神経細胞です。他人が手を伸ばして何かをつかもうとしている動作を見て，自分が同じ行為をするように反応することから名付けられました。つまり，自分がある行為を「する」というのは，運動に関することで，一方，他人が同じ行動をするのを「見る」というのは，視覚に関することですが，その両方に対して同じように反応し，他人の行動に対して，まるで自身が同じ行動をしているかのように共感するのです。そして，そのようなニューロンの活動は，新たな行動を学習して自分のものにする際に役立つと考えられます（リゾラッティら，2009；イアコボーニ，2009）。

　このように，ミラーニューロンは，「自分」の行為と「他人」の行為を結びつけるという意味で，自己と他者という意識の根本にかかわる情報処理をしているということになりますが，さらにミラーニューロンが注目されるのは，「他人の心を読み取る」という脳の大切な機能を支えているのではないかと推測されているからです。人間の本質は，他人とコミュニケーションをする社会的知性に顕れますが，ミラーニューロンは，他人の行為を見たときに，それをあたかも自分がしているかのようなシミュレーションを実行するということを可能にします。そして，相手の行動に自分の行動を重ね，その行動に相当する心理

的状態を推定することができるのです。つまり，私たちが他人の行動の意味を理解して，他人と柔軟にコミュニケーションをすることができるのは，子どもの頃からミラーニューロンを使うことでその神経が発達しているからだと考えられているのです。

他者との関係性の中で育つ子ども

　近年，学習概念の研究においても，学習を個人の知識獲得としてとらえず，社会や共同体，また，そこでの人々の営み，活動の有り様，絶えざる相互作用の結果としてとらえる考え方が出てきました。このように，集団遊びの中に生じる他者との関係性においてこそ成立する育ちの意味を確認していくことは，子どもを孤立させ，社会的・文化的実践から隔絶してしまう教育支援のあり方を批判的に検証することにつながるでしょう。日本の特別支援教育の課題解決に向けて，また，全ての子どもたちのウェルビーイング実現に向けて，重要な視点と言えるでしょう。

　中でも，コミュニケーションは，他者や場との関係性によって成立するものであるにもかかわらず，「個人の能力やスキル」という視点のみで語られることが多くありました。特に，発達障がい児のコミュニケーション支援においては，障害そのものを「固定的」にとらえた研究実践が主流で，社会適応に向けて「特異」と見なされる行動だけを直接的に取り除くための対症療法的なアプローチに力点が置かれてきました。しかし，社会的な状況から切り離した状態で，社会性を形成しようとすることは，水の外で泳ぐ動作をさせながら泳ぎ方を教えるのと同じようなものです。コミュニケーションを個人に限定した能力ととらえ，スキルを教えることだけに重点を置くと，スキルの獲得が最終的な目標になり，社会的な関係を築くことへの重要性が薄れてしまうのではないかと懸念されています。コミュニケーションの本来の構造を考えれば，そのための力は，実際の関係性の中でしか育たないのです。

　最近では，ようやく，コミュニケーションの課題を「個人と環境との相互作用のあり方」の機能不全と考えて，子どものストレングスを軸に環境との相互作用のあり方を調整することで，発達が促進され，安定した適応が生み出されるというとらえ方が重視されるようになってきました。ムーブメント教育は，ずっと前から，このような考え方に基づいて，集団遊びを基盤として，関係性の中で育つ子どもたちを応援してきました。

ムーブメント教育によるコミュニケーション支援の考え方

　人間が他者と円滑にかかわっていくためには，言語による双方向性のコミュニケーションのみでなく，相手を認識するための視覚，音声を認識するための聴覚，状況に応じて適切なことばを選択する等の知的機能や，相手に対して適切に対応するための社会的対人スキル等，様々な段階の要素が深くかかわっています。ムーブメント教育の活動においては，「からだ・あたま・こころ」の統合的な活動を工夫することで，各々の段階で，コミュニケーションのために必要な力を支えていくことができます（**図4-2**）。

1　コミュニケーションの基礎となる感覚運動能力

　発達の基礎となる感覚器官や運動器官等の身体機能の育成は，コミュニケーションスキルを促進する上で最も重要です。多様な感覚運動刺激を与えることで，感覚運動機能が発達し，コミュニケーションの基盤が育成されます。

2　自己認知，他者認知のもととなる身体意識能力

　私たちにとって，最も身近なものは自分自身の身体であり，周りの空間や位置，時間の経過や身体像の形成を通して，「人―モノ―自分」の関係が把握できるようになります。そして，自己と他者との認識が確立され，コミュニケーションの世界が広がっていくと考えられます。

3　基礎的な認知機能

　様々な経験や体験を通して，外界からの情報を受け取っていく中で，様々な事象に対する概念化が促進されていきます。記憶，思考力，想像力等の知的機能が，ことばの概念形成を含めたコミュニケーションスキルの基礎的な部分を拡大していきます。

4　ことばやその補助的手段による意思交換機能

　人間のコミュニケーションは，話し手の頭で考えられたシンボルを，送り手が話したり書いたり，絵や身振りを使用することで相手に伝達されるという仕組みをとっています。その主たるものが「ことば」による信号ですが，送り手の出したシンボルを受け手側も理解することでコミュニケーションが成立します。ことばは表出機能と受容機能に分けることができ，こと

図 4-2　ムーブメント教育によるコミュニケーション支援のイメージ

ばの支援に関しては，その補助的手段を含め，送り手と受け手の両面から
支援していくことが大切です。

5　人とかかわる社会的な対人スキルの能力

他者と円滑に交わることのできる社会的対人的スキルの育成は，他者と協
力したり交渉したりして，充実した社会生活を送るために必要不可欠な要
素となります。

かかわりの中でかかわりたいという欲求を育む
― 発達障がい児のコミュニケーション支援への活用から ―

発達障がい児は，自己意識と他者意識および自他の関係性において課題があ
り，他者とのコミュニケーションや相互作用に著しい困難を抱えている場合が
多くあります。そのような子どもたちは，有意義な対人関係を築きそれを積み
上げていく機会が少ないと言われています。

一方，私たちが実践してきたムーブメント教育における集団遊びの活動にお
いては，多くの発達障がい児が継続して参加する中で，他者とかかわる場面が
多く観察されるようになっています。ムーブメント教育におけるコミュニケー
ション支援の特徴は，コミュニケーションスキルだけを取り出して直接的に指
導するのではなく，安心して参加できる遊びの場で，相互的で相補的な他者関
係の体験を積み重ねることを通して，結果的に他者とのやりとりの方法を理解
したり，問題行動とされる行為パターンの修正を行ったりすることにあります。
障がい児が孤独感や疎外感を感じることなく，自ら発信したコミュニケーショ
ン行為が他者から受容される経験を積み重ね，他者とかかわることは楽しいこ
となんだ，必要なことなんだという実感を深めていくことが，結果として社会
的スキルを身につけさせるだけでなく，他者とかかわることに対する「自信」
を芽生えさせ，社会適応力を高めていくことに通じるのです。

ここで重要なことは，他者との豊かな交流を通じて，子どもの「健康と幸福
感」を達成することであり，コミュニケーションスキルの向上が目的となって
しまわないように常に注意する必要があります。自由で受容的なムーブメント
教育の活動における実際のかかわりの中で，様々なコミュニケーションの「基
本型」を体験しながら，同時に「型」として得たスキルを自身の「かかわりた
い」という動機に基づいて活用していく循環的な過程を大切にしたいのです。

遊びの場におけるコミュニケーションの「型」の体得

「型にはまる」と個性や独創性を無くしてしまうという意味に解釈し，「型にはめる」ことを嫌う人もいると思います。しかし，私は，子どもの教育において「型」ということばを否定的にとらえず，「型」を身につけることによって，様々な状況への対応ができるようになると考えています。このことは，日本舞踊の師匠の花柳和先生に教わりました。日本の伝統文化特有の「型」には美と合理性があり，そこにこめられた「心」があるということ，だからこそ，「型」を堅苦しいと考えてしまうのではなく，型の中で遊ぶ，型があるから面白いと感じて，「型」から何を学ぶのかということを常に問いかけられました。型にはまることで自由になれないのではなく，むしろ型にはまるからこそ生み出されていく創造性を説かれました。

尼ヶ崎（1990）は，他者理解の内実は身体性に委ねられ，相互理解が実現するためには，ことばのやりとりのそこで，身体の「なぞり」が行われていると論じています。伝統芸能における「わざ」の習得（生田，1987）に見られるように，「なぞり」は，身体の自発的な活動の「型」を自分の身体に具現化させることであり，「型」を学ぶとは，外から見た「形」だけでなく，それに伴う「心」を学ぶことにあります。模倣による習得した「型」が「心」と結びついたとき「表現」となるように，コミュニケーションスキルの「型」も「伝えたい」，「かかわりたい」という現実の欲求と共に身体的かかわりの中で繰り返し経験して身につけることに意味があると考えています。

例えば，発達障がい児には，目に見えない「場の共有」が難しいと考えられているので，やりとりの規則性を理解するためには，コミュニケーションの場面が設定された遊び活動による支援が有効であると考えています。私は自身の実践をふりかえり，創造的なムーブメント遊びの実践において，子どもたちが基本形としての「型」を体得し，実生活の場面でもコミュニケーションが円滑になっていったのではないかと考えています。すなわち，私たちの遊びによる実践には，簡単な役割分担から，童話や季節感をもとにした分かりやすいストーリーまで，様々なやりとりのための設定がなされています。架空で安全な世界でありながら，現実世界に近い体験として他者とかかわることを可能とし，その中でコミュニケーションのパターン的なやりとりや役割交替の規則性の枠組みを準備することが可能です。継続して参加する子どもたちは，「変化のある繰り返し」を大切にした実践において，「型」を重ねて体験していきます。

子どもたちは，遊びの中の様々な場面設定において，実際のコミュニケーションスキルの「型」をなぞり，身につけ，他者とのかかわりに自信と意欲をもつことができ，「型」を活用しながら実際の人間関係を築き，結果として，「型」にはまらないで柔軟に生きていく力に通じる，と考えることができるでしょう。このことは，まさに，ダンス学習の理論（松本，1988）にも通じることに気づきます。すなわち，ダンスの表現力が「動きを体験する（動きの探求）」—「動きで表現する（表現の探求）」—「創る（作品の探求）」—「分かち合う（鑑賞の探求）」の段階を漸次循環的に経て向上するように，コミュニケーション能力もまた，コミュニケーションを「型」として体験すること，そしてその型を用いて表現すること，さらに，体得した「型」をもとに自分の表現としてかかわりを創造し，他者と共有する過程を経て，子どもが自ら力をつけていくのです。

おじいさんになりたかったマーくん
―プログラム「『大きなかぶ』の世界で遊ぼう！」から―

　私が学生たちと実践するムーブメントプログラムは，童話や絵本を題材にして考案することがよくあります。中でも，『大きなかぶ』のお話の世界をもとに繰り広げたプログラムは，最も盛り上がったプログラムの一つです（小林・大橋，2010b）。

　全体の流れは，次のとおりです。フリームーブメントの後，集合，お名前呼び，ダンスムーブメントと基本的な流れを楽しんだ後，子どもたちを「大きなかぶ」の童話の世界に案内するところからプログラムが始まりました。おじいさんとおばあさんに扮した学生が待っていて，子どもたちにかぶの種を蒔くための農作業を手伝って欲しいと頼みます。畑を耕す動作を取り入れたサークルダンスや手足型がついているマットの上で，身体部位を意識しながら姿勢をとって進む課題に挑戦しながら，「種をまく」という場面を楽しみました。そして，かぶを抜くシーンでは，学生たちが白い大きなマントのような布を纏い頭に緑色のスカーフを巻いて寄り集まって円陣を組み，大きなかぶを表現していました。おじいさんが1人で抜こうとしても抜くことができない，おばあさんが手伝ってもダメ，そこで，みんなを呼ん

「大きなかぶ」種まきを
テーマにした活動

で…と童話の世界に沿って，子どもたちが1人ずつ増え，お母さんたちも加わり，全員で連なりながら，「うんとこしょ，どっこいしょ！」とかぶを抜く動きを繰り返しました。実際に，かぶ役の学生たちと綱引きをするような形になっていたので，子どもたちは，「引っ張っている」手応えを感じられたでしょう。さらに，かぶ役の学生たちは何十回も屈伸運動を繰り返し，汗だくになりながら，抜けそうでなかなか抜けないかぶの姿を演じて子どもたちの意欲を引き出しました。子どもたちが全員揃い力を合わせたところで，かぶがぴょーんと飛び上がり抜けたことを表現し，達成感を共有しました。

　充実した遊びの場でしたので，参加していた子どもそれぞれに物語がありますが，ここではマーくんとの思い出を紹介したいと思います。マーくんは，私たちの実践に参加し始めたのは6歳で，広汎性発達障害と診断されていました。MEPA-Rでは，運動・感覚分野は，第5ステージ（37〜48か月）の発達レベルでしたが，言語・社会性は，第3ステージ（13〜18か月）で，自発的な発語の表出はほとんどありませんでした。ただし，受容言語と表出言語の評定差が大きいのが特徴で，活動においても，こちらが伝えていることを理解して集団プログラムに参加している様子が確認できていました。

　この日の「大きなかぶ」のプログラムでは，私は，マーくんが中盤から目にうっすら涙をためて何かを訴えているようで，彼の表情が気になっていました。そのうち，活動の説明をしているおじいさん役の学生に近づいて顔を触ろうとしたり，かぶを引き抜くために並んだ列に呼ばれても入らなかったりしたので，いよいよ数人の学生たちが彼の訴えを解読しようと努めてくれました。全体をリードしていた私は，ほとんど発語のないマーくんと学生たちが，一体どんなやりとりをしたのか詳細を把握できていませんが，根気強くやりとりを重ねた結果，マーくんが「おじいさん」の役をやりたかったのだということが判明したのです。そこで，学生たちは即席で紙製のおじいさんの「白いひげ」を用意しました。そのひげをつけて「ミニおじいさん」に扮したマーくんは，おじいさん役の学生の横でかぶを引っ張る役を担当することができ，満足そうに生き生きとした表情で活動に参加しました。かぶが抜けた場面では，みんなが笑顔で歓声があがりましたが，マーくんも手をたたいて喜んでいました。

　この実践においては，マーくんは，途中まで，おじいさん役の学生の邪魔をしたり，全体の指示に応じなかったりと，一見すると場の流れに適応していない行動を取り続けていたことになります。しかし，私は，この日，マーくんが自分の要求を諦めずに伝えてくれたことをとても嬉しく受けとめました。前章

で、「自己決定」の場面の重要性について触れましたが、マーくんが自分で決定したことを訴え、要求や提案が一度で受けとめてもらえない場合でも諦めずに何とかして伝え、交渉を成立させた大事な場面だったと考えています。

その後もマーくんはほとんど発語はありませんでしたが、周りに対して何とかして自分の要求を伝えようとする行動が頻繁に見られるようになりました。うまく伝わらないと涙ぐむこともありましたが、その分、伝わったときは満足そうな表情を見せ、集団活動に積極的に参加する様子が見られました。活動の中で他児の動きを観察したり、模倣したりすることが増えたのもその後の変化でした。

発達障がい児のコミュニケーション支援においては、言語指導に重点が置かれる傾向が強くありますが、ことばさえ出ればコミュニケーションが成り立つわけではありません。言語によって伝えられる内容以上に、身振りやジェスチャー、顔の表情や視線、身体接触やプロクセミックス（近接空間学）等の非言語（ノンバーバル）コミュニケーションによる情報のほうが多いことを私たちは既に理解しています。私は、このとき、どうしても「おじいさんになりたい」という希望を伝えたかったマーくんと、マーくんの想いを理解したいと願い、かつ、なぜかその場で理解できてしまった学生たちとの関係性こそが大切

「おじいさん」になったマーくん

なのだと気づきました。そして，その関係性は，それまでのムーブメント活動を共有し，共に遊ぶ中で生まれたものなのだと考えています。

子どもの「発達」「能力」「障害」を個に閉じる傾向への疑問

ムーブメント教室に初めて参加された人の感想に「どの子が障がい児かわからない」というコメントが多くあります。集団の活動に積極的に参加する我が子の姿に，「学校ではやらないけど，ムーブメント教室だとやるんです」というお母さんの声もよく聞きます。ある子がスタッフとはできなかった課題がきょうだい児と一緒ならできることもあります。これらは，全て，子どもと環境である人や場との相互関係から生じます。ムーブメント教育の活動において，子どもと環境との対話から動きが生まれ活動が展開していく場に身をおいていると，現在の日本の教育において，子どもの資質や能力を個体の枠の中だけでとらえる傾向が強いことに疑問を抱いてしまいます。

特別支援教育や療育の現場では，子どもが学校や社会へ適応することが最も優先される課題の一つとされています。しかし，「適応」の意味をより深く考えてみると，それは，環境からの働きかけに個人が応えていきながらも，逆に，その個人からの諸欲求も満足させる関係や状態のことなのです。障がい児支援において，「発達」や「能力」や「障害」を子ども個人にのみに帰属させて判断することは不十分であると言えるでしょう。

人間を全体的にとらえようとするならば，人がその身体性においてどうしようもなく「個体」であるという個別性と同時に，同じくその身体をさらして人との関係を生きざるをえないという共同性をそこに前提しないわけにはいきません（浜田，2023）。子どもは，様々な環境との相互関係の中で育っているにもかかわらず，子どもの「発達」や「能力」や「障害」を個体の中だけに閉じて議論する傾向が，未だ根強くあるようです。さらに，このような構えは，自己責任論とも相性がよく，そのために，私たちの意識の中に不安を息づかせます。そうして，親子を恒常的な能力開発競争に巻きこんでしまってきたのかもしれません。このような懸念は，障がい児だけでなく，全ての子どもたちにあてはまるでしょう。

子どものウェルビーイング実現を目指して日本の教育が変革を求められている今，個と環境の相互関係を重視して実践を重ねてきたムーブメント教育の現場から，遊びの場がもつ好循環の中で育つ子どもたちの姿を引き続き発信していきたいと思います。

第 5 章

多様性の中でこそ

高まる子どもの

ウェルビーイング

5 - ① ダイバーシティ＆インクルージョンとウェルビーイング

ウェルビーイングの鍵は，ダイバーシティ＆インクルージョン

　近年，企業の経営においては，多様性の受容を表す「ダイバーシティ＆インクルージョン」を取り入れたマネジメントが奨励されてきました。持続可能性が希求される中，SDGs の第 3 目標「Good Health and Well-being（全ての人に健康と福祉を）」に続く第 4 目標は「Quality Education（全ての人々への包摂的かつ公正な質の高い教育を提供し，生涯学習の機会を促進する）」とされています。「誰一人取り残さない」という観点から，途上国の問題だけでなく，いじめ，不登校，外国籍，障害，貧困等の対応を含め，全ての国々におけるインクルーシブ教育の実現が重視されています。世界は，持続可能な開発に向けて，多様性を認識し，インクルーシブな社会に向かって進んでいく必要があります。インクルーシブ教育の実現は，全ての子どものウェルビーイングに欠かせない課題として共有されるようになってきました。

　インクルーシブ教育の理念から言えば，どのような子どもも一緒に学び，お互いにかかわり合いながら，一人ひとりが成長していく環境や支援を提供するのが，学校教育が目指すべき姿だと考えます。しかし，第 1 章で共有したように，日本で実施されている特別支援教育はインクルーシブ教育とは両立しないとして，国連から障がい児を分離した「特別支援教育の中止」が勧告されており，課題が多く残されています。また，現在の日本の教育には，子どもの学力を平均的に伸ばすことを目指した，明治以降の教育制度が未だに色濃く継続されていると言われています。その結果として，質の高い教育を提供し，国全体として学力の平均値を上げることができました。しかし，与えられた知識・技能を覚えて再現することに重きが置かれてきた画一的な教育となってしまい，子どものウェルビーイングの実現には至っていません。今後，日本の教育には，ダイバーシティの徹底が求められるでしょう。私たちは，現在の制度の中で取り残されている子どもたちにもっと目を向けなければいけません。一部の子どもにとっては，現在の日本の教育制度が彼らのウェルビーイング実現の妨げになっていることを，もっと真剣に考えて，教育を多様にしていくことが求められています。今，日本の教育は，ダイバーシティを重んじて，社会の様々な人

を巻きこんだ教育体制へと変化させていくタイミングにあると考えられます。

「インクルージョン」の対象は誰なのか?

　「インクルージョン（inclusion）」は，様々な違いが混在し始めから含まれている状態を表す総称のことで，その状態を表す名詞です。しかし，もっぱら「包摂する」，「包含する」というように他動詞的に解釈されてしまっていて，日本でインクルージョンが正しく発展していかない大きな理由はここにあるとも言われています。例えば「障害のない人が障害のある人をインクルードする」とすれば，その根底にある「包摂する側と包摂される側」の二分関係が浮き彫りになります。排除を前提に包摂が構想されるとき，尊重すべきとされる「多様な人」とは，大抵，既にマイノリティに「分類された人」であると考えられるでしょう。どんな「能力」を身につければ包摂する側にうまく適応できるかという視点に偏って，カテゴリー別に施される「教育」や「支援」や「配慮」に，私たちは既に確かな違和感を抱いてはいないでしょうか。

　違いのある存在同士が混ざり合っていることが本来の姿で，インクルージョンの原理を踏まえた共愉の場では，存在そのもの，「ありのまま」が大切にされ，様々な互恵の関係がつくり出されていきます。あえて対象について言及するならば，「誰もがお互いにインクルードする（される）」ということになるでしょう。

誰かの靴を履くのもいいけれど，一緒に遊んで踊ったほうがもっといいかも

　『ぼくはイエローでホワイトで，ちょっとブルー』は，アイルランド人の父と日本人の母と共にイギリスで暮らす息子が，労働者階級の子どもが多く通う「元底辺中学校」で，格差，差別，分断等の厳しい現実に次々と直面して成長する姿を綴った本です。中でも，「empathy（エンパシー）とは何か」の問いに対する息子の解答：「to put yourself in someone's shoes（誰かの靴を履いてみること）」に，人々の関心が集まり話題になりました。確かに，他者の靴を履いてみる行為は，自分の身をもって相手の立場を理解しようとする志向上にあり，多様性を支える寛容で柔軟な姿勢をイメージさせます。

　しかし，考えてみれば，このように身をもって他者にかかわる体験こそ，運動遊びやダンス，体育，そして，ムーブメント教育が最も得意とするところではないでしょうか。身体を軸に他者とかかわる活動においては，身体は特定の個のものであり，その活動と感覚は，特定の個人のもので，交換不可能です。と同時に，身体同士に起こる共鳴，共振，融解のような感覚は，人類の原初的

な共同性の根拠として理解されてきました。共同体がもつ文化の底流には，身体を同調させる仕掛けが埋めこまれているのです。様々な身体が出会い混ざり合い，共に遊戯し舞い踊る営みにおいて，私たちは他者への共感性を高め信頼関係を構築し社会を機能させてきました。全身を投じて他者の身体とかかわる場においては，「私」の輪郭が揺らぐほどの衝撃を受けることもありますが，それらを肯定的に受けとめて生じる変容こそが身体的な学びの意義であるとも言えるでしょう。

いま，まさに，インクルージョンの実現に向けて，公教育のあり方を問い直す時であり，「真正の共生体育」（梅澤・苫野，2020）の創造は始まっています。教育の新たな可能性は，多様性を認め合い，その違いに感謝し，尊敬し合って到達するインクルージョンへの挑戦にこそあるのでしょう。このような取り組みの中で，私たちは，なお一層，ムーブメント教育の強みと役割について認識を高めねばならないと考えています。

インクルージョンは終わらない

真のインクルージョンは，多くの人々を既存の秩序や枠組に加え，適応させるということではなく，むしろその秩序や枠組みの変換を必然的に内包するプロセスです。社会が変わっていけば，多様性の内実も変わっていく。「排除（悪）vs 包摂（善）」，あるいは「排除→包摂」といった二項対立的な図式によってのみ構想していては，パターーナリズムや抑圧性の問題が見過ごされてしまう恐れがあります。多様な生の諸様式を実践する人たちが共に生きようとすれば，不協和音やきしみや対立が生じるのは当たり前のことです。それでも差別的で排他的な関係の克服を決して諦めずに，共に生きる場をつくり続けるために知性と感性を深化させ，人間そのものが豊かになるように，社会は更新されていかねばなりません。そして，そのためには，私たち一人ひとりが，周囲の変化に身体を開き，差異に満ちた世界とかかわりながら，自らが変化することを楽しむ姿勢が求められるでしょう。

世界は，いま，持続可能な開発に向けて，多様性を認識し，全ての文化と文明が人類の豊かさと生命維持システムの保護に貢献するよう，「地球」規模でインクルーシブな社会に向かって変わっていくことを求めています。インクルージョンは終わらない…。これは，いつまでも追い求めるべき私たちのプロセスなのです。

5-② 多様性のある遊びの場を重視してきた ムーブメント教育

多様性のある遊び活動の意味 ―インクルーシブ教育の観点から―

フロスティッグは，子どもが幸福で健康な大人に成長し活躍するためには，子ども一人ひとりに応じた教育計画と集団の一員としての経験を支援することの両方が必要であると主張しました。そのために，教育において子どもを分離することを強く否定し，次のように説きました。

> もし私どもが子どもたちを等質集団のなかに押しこめるならば，彼らに相互的に助け合うことを学ばせることはできない。もしすべての計画を教師が作成するならば，子どもたちに計画づくりを学ばせることができない。もし，私どもが子どもたちを授業のベルと時間割で，たえずしばりつけるならば，彼らに学習や行動や創造に深く関与させることはできない。
>
> (Frostig／伊藤ら (訳), 1981；p.47)

このようなフロスティッグの教育観は，現在，世界的に求められている「インクルーシブ教育」の理念に重なると言えるでしょう。インクルーシブ教育の最終的な到達目標は，全ての子どもたちが主体的に学びに向かう力を身につけ，社会に共生する他者や他の文化を受け入れながら，人間らしく生きるという尊厳をもった人間性を，子ども自身の経験を通して英知と共に獲得していくことにあります。

全ての子どもたちの幸せのために，特別な支援を必要とする子どもに目を向ける

また，フロスティッグは，特別な支援を必要とする子どもに個別に対応できる教育は，その対象児のみに寄与するものではなく，他の全ての子どもたちの「幸せ」にも通ずると考えていました。

教室で一人の子どもが劣等感をもったり，好かれていないと感じた
　り，あるいは，失敗したと思うとき，この子だけが心に痛手を負うの
　ではない。クラスの他の子どもたちが，心に不安を感じたり，教師へ
　の信頼を失ったり，失敗した子どもに敵意をもつことで，自分自身の
　不安にたいして自己防衛するのである。悩みをいだいている子どもの
　願いにこたえるには，教師はこうした問題を避けると同時に，ほかの
　子どもたちには心くばりをしているという態度で，実例を示すことに
　なる。つまり，教師の役割は教育的であるとともに，倫理的だという
　ことになる。

（Frostig／伊藤ら（訳），1981；pp.109-111）

　このように，フロスティッグは，教師に倫理的な態度を強く求めていました。
様々な子どもたちが「共に学ぶ」機会の大切さを唱え，教師が家族や地域の人々
と連携して子どもたちの教育にあたる体制が必要であると説いたのです。

遊びの場が実現するインクルージョン

　誰も排除せずに包摂し，誰一人取り残さないというインクルーシブ教育の観
点から言えば，全ての子どもが一緒に学び，お互いにかかわり合いながら，一
人ひとりが成長していくための環境や支援を提供するのが，教育が目指すべき
姿だと考えられます。そもそも，「遊び」を原点としているムーブメント教育は，
誰もが参加しやすいように遊具やプログラムが工夫され，全ての子どもたちを
包みこむ環境設定を目指しています。さらに，集団の中で個々の発達に適した
活動を行うことができるため，障がい児も含め様々な違いのある子どもたちが
分け隔てなく共に活動することができます。プログラムには，他者と共にする
行為が多く含まれており，遊びの中で他者とかかわり合い，共に創意工夫を凝
らすことで仲間意識が育まれ，集団的な創造性につながります。

　すなわち，ムーブメント教育は，集団遊びを基盤としていますから，そこに
は，当然，個人では得られない体験が多く含まれているのです。受容的な遊び
の場においては，一人ひとりがみんな違う，ありのままの自分で居ることがで
きるという認め合いから出発し，今ここに生きている，一人ひとりのかけがえ
のない身体が環境と対話することで動き出していき，そして，各々の異なった
経験に基づく小さな知恵や感性を出し合って，多様な仲間と共に遊びをつくり

出していくという喜びを体験することができます。他者と共に遊びの場を生きる体験を通して，違いのある人たちと一緒に楽しむためにはどうしたらよいかという，インクルーシブ教育の中心的課題に通じる問いかけを繰り返しながら，学習をつくり上げていくプロセスを含んでいます。

　豊かな遊びを軸とする活動においては，子どもたちは，同質な者同士より，様々な違いのある人たちが集ったほうが豊かな発想や多様なかかわりが生まれ，面白くなるということを，実際に体験することで理解していきます。遊びの中で異質性や多様性をポジティブに活用し，それらを無理なく，密生，混生させながら「他者との関係性」を生み出す方法論がムーブメント教育には詰まっているのです。

「気になる子」の保育におけるムーブメント活動から見えてきたこと

　私が継続的にかかわってきた実践の現場の一つは，保育所です。特に「気になる子」と称される子どもたちの対応を求められてきました。「気になる子」という表現は曖昧さを含む概念であり，現在のところ統一した定義はありません。一般的に，何らかの障害があるとの医学的診断が無いが，その年齢にふさわしい子ども像から逸脱した部分があり，保育を進める上で気になる点があったり，特別な配慮を要していたりする子どもたちのことを指します。

　特に乳幼児期においては，発達が未分化な時期ゆえに個人差もあり診断がはっきりしないケースや保護者の障害受容の問題等，様々な事情から診断を受けずに過ごすケースも多くありますので，診断の有無が必ずしも発達障がい児と気になる子どもとを明確に線引きする基準となり得ないことも多いのです。実際に私がかかわっている子どもたちのことを考えてみても，全体的な発達において，何かしらのつまずきや困難を抱えていることが確かに共有されているとしても，発達障害を抱えている場合もあるし，聴力の弱さ等身体的な問題から起因している場合もあるし，家庭環境や生活習慣の影響が考えられる可能性もあります。そして，それらが複合的に混在しているケースもあります。

　「気になる子」を含んだ保育現場での実践において，診断結果等からの要因の特定より私が重視してきたのは，その子を含むクラスのムーブメント活動が充実してくると，「気になる子」が「気にならなくなる」事態が起こるという事実です。このような変化を体験する度に，私は，保育者と，「気になる子」を気にしていたのは誰だったのかという点について語り合い，保育者自身の「気になる子」の受けとめ方が変化してきたことに気づきます。「気になる子」が

気になる裏側には，大人の想いが潜んでいるということを忘れてはならないのです。また，同様に，子ども同士のかかわりの中で，困っていたのは，その子自身なのか，他の子どもたちだったのか，という点でも意見を交換しています。

診断名，障害の特徴，育ちの背景等は，目の前の子どもが「何に困っているのか」を理解するために，日々の保育で子どもとのかかわりから得た視点をベースにした想像力を補うものであると考えています。その情報以上に，集団生活の場である保育の場では，対象となる子どもの能力向上や問題行動の改善という側面だけではなく，共同体としての集団やクラス全体の変容についても意識を向ける必要があるでしょう。つまり，保育者には，気になる子どもを一方的に改善しようとするのではなく，気になる子どもを取り巻く環境や他児や保育者とかかわり，集団の関係性を見直し，日々の保育活動全体を変えていこうとする発想が求められるのです。ムーブメント教育による遊び活動は，そのための気づきを多く与えてくれます。

「やった〜！」と「ずるい〜！」の差はどうして生まれるのか…？

私は，継続的にいくつかの現場にかかわってムーブメント教育の実践を続けていますが，それ以外にも，年に数回，または単発で，幼稚園や保育所，療育センター等に講師として呼んでいただいて，子どもたちとムーブメントの遊びを楽しむ機会もいただいています。そのような現場とのかかわりにおいて，考えさせられる体験を得ましたので，お伝えしておきます。

ある保育所の幼児のクラスで，ムーブメント遊びを実践しました。子どもたちが2人組でスカーフを持って風船を乗せて運ぶという課題を含んだプログラムを展開しました。支援が必要なAちゃんは，加配の担当の先生と一緒に挑戦しました。先生にリードしてもらって，集中してとても上手に参加できたので，私は，「Aちゃん上手だったから，先生とじゃなくて，誰かお友だちと一緒にやってみようか？」と提案してみました。そうすると，クラスの子どもたちは，いいね！という表情で，早速，Aちゃんの相手役に誰が適任かみんなで相

スカーフで風船を運ぶ

談を始めました。クラスの仲間から推薦を受けた女の子がちょっと照れたような表情で前に出てきました。そしてAちゃんにそっと声をかけて、スカーフの端を持って風船を運んでいきました。ゴールは風船に直接触れずにスカーフを操作してかごに入れる設定になっていたのですが、2人が息を合わせてスカーフを揺らし、風船がかごに入った瞬間、クラス全体が「やった～！」と声を上げて喜びました。みんな笑顔で、私も幸せを分けてもらった気分でした。

その2、3週間後、別の幼稚園でも同じようなプログラムを実施しました。年齢もクラスの人数もほぼ同じで、子どもたちはとても活発に参加していました。こちらの園にも、支援が必要なBちゃんが先生とペアになって参加していて、同じような展開になり、Aちゃんとクラスの仲間のやりとりが心に残っていた私は、つい、こちらでも、「Bちゃんが先生と上手にできたから、今度はお友だちとやってみようか？」と声をかけました。そしたら、一斉に、「Bちゃんだけ2回できるの、ずるい～！」の大合唱が起こりました。

単発のかかわりでは、私ができることに限界があることは重々承知の上ですが、しかし、この2つの園の子どもたちの違いはどうして起こるのだろうか、ムーブメント教育は、この差に対して、これから何ができるのだろうか、と考えを巡らせてしまう体験でした。2016年に施行された「障害者差別解消法」によって広まった「合理的配慮」については、それは「平等」か、「公正」かということばで整理され議論がなされてきました。しかし、この体験を通して、私は、子どもたちが誰かが自分より有利な状態になるかどうかという視点ではなく、他の子の喜びが自分の喜びになり、クラス全体の喜びにもなるといった、ウェルビーイングの観点を大切にできるような体験を積み重ねていけたらと強く願うようになりました。そのための必要な遊び活動について、引き続き実践の中で考えていきたいと思います。

「みんなちがって，みんないい」と「みんないっしょだと楽しい」の両立

子どもたちの自由で豊かな遊びや身体表現が生まれる場は、許容的でかつ活気に満ちた場です。子どもたちが安心して身体を投げ出し、他者と交わることで、自分自身や仲間の個性を認め合うことができる場なのです。そして、活動から得た「一体感」や「通じ合える喜び」が、もっと「伝えたい」「かかわりたい」というさらなる欲求を生むのでしょう。

様々な違いを包みこむインクルーシブな保育、インクルーシブ教育にムーブメント教育を活用するメリットは、一人ひとりの身体、一人ひとりの表現を大

切に受けとめ尊重する活動の中で，「みんなちがって，みんないい」を実感できることにあります。遊びを基軸としたムーブメント教育は，もともと多様性が歓迎される場なのです。特に私が強化してきたダンスや身体表現の要素を含んだ取り組みにおいては，子ども一人ひとりが思考したものをそのまま身体化し，自由に表現することが大切にされます。各々が楽しさを追求することを重視してきました。

　そして同時に，動きや表現を分かち合い共有する体験を無理なく積み重ねることで，「みんなといっしょだと楽しい」と素直に感じることができるのです。協働的に創造する楽しさを追求していく場へと発展させることができます。そして，各々の多様な解釈を共有することで，表現する世界の奥行きを描き出すことができます。

　クリエイティブなムーブメント活動は，多様な個の表現を認め合い紡ぎ合うことで，「みんなちがって，みんないい」と「みんないっしょだと楽しい」の両立を可能にします。インクルーシブ保育・教育におけるムーブメント教育の活用は，一人ひとりの子どもの心身の発達を促進しながら，交流や相互交渉をもとに共に構築し，社会における共生・共創の縮図的体験を提供していくことができるでしょう。

5-③ 遊びの中に生まれる「私」と「私たち」のウェルビーイング
―ムーブメント教育を基盤とした放課後等 デイサービスにおける子どもたちの姿から―

ムーブメント教育を活用した放課後デイサービスcocoonの実践

●活動の背景

　放課後等デイサービスは，2012年4月に児童福祉法に新たに位置づけられた事業であり，6歳から18歳（就学児に限る）までの障害や発達が気になる子どもたちが，放課後や長期休みに利用できる福祉サービスです。その拡大によって，障害のある児童生徒が学校及び家庭以外での環境においても発達支援を受ける機会が保障されるようになった一方，提供される支援の質について格差があることが指摘されてきました。現在は，厚生労働省が放課後等デイサー

ビスのガイドラインを出す等，療育の質の向上に向けた取り組みが進んでいます。ここでは，私が監修を務めてきた放課後デイサービスの実践を通して今日の特別支援教育における身体表現遊び活動の役割について考えていきます。

神奈川県横浜市にある放課後等デイサービスcocoon（コクーン）は，ムーブメント教育を基盤に展開しており，ダンスやアート（絵画や造形）の応用的な要素も加え曜日別に活動の特徴を出しています。支援が必要な子どもたちが安心して過ごすことができ，各々のQOLを大切に自分らしく社会参加への一歩を踏み出すための力を育む場であり，かつ，地域の中で多様な人々が集いつながり合う場であることを目指して，2016年に開設されました。1日の定員は10人で，現在，登録者数は30名ほどで，その内7割は，週2日以上利用しています。地域との連携の中で，異年齢の子どもたちが互いを認め合いながら関係を紡ぎ，のびのびと活動を楽しんでいます。

●基本活動の様子

放課後，子どもたちは自力でまたは送迎サービスを利用して登所してきます。到着した順に，各々の学習や自由遊びの時間を過ごした後，全員でおやつを食べ，毎回1時間以上の集団プログラムに取り組むことになっています。その後，再び個別支援を行い，帰宅前には全員で活動をふりかえるというのが平日の主な流れです。長期休暇の利用の場合は，昼食をはさんで，午前と午後それぞれに集団プログラムを実施しています。

放課後等デイサービス「cocoon」の基本活動の様子

設立時から掲げてきた「遊んで育む　からだ・あたま・こころ」をモットーに全ての活動が訓練的ではなく，ムーブメント教育による遊びを軸に展開されているのが特徴です。運動遊びの中に，色や数，形等の認知面を意識して国語や算数の学習の要素を多く取り入れたり，仲間と協力して問題解決をうながしてコミュニケーションや社会性を重視したりするプログラムを重ねてきました。

　特に，ダンスプログラムは，身体部位の確認や基本姿勢・動作の獲得を目指した導入部分の活動から，遊具や他者とのかかわりの中で即興的な動きを生み出したり，イメージや想いを身体で表現したりする活動へと展開することが無理なく可能です。「①動きを体験する－②動きで表現する－③創る－④分かち合う」の4つの活動を基本とし，それらを繰り返し実践しています（**図5-1**）。

図5-1　ダンスムーブメントの基本構造4つの活動の概念図

●夏休み特別プログラム「ひまわり」

　開設から2年半が経った頃，大半の子どもたちが基本的な活動に安定して参加できるようになったので，2018年の夏休みは，特別プログラムとして「ひまわり」をテーマにした総合的な活動に挑戦しました。実際に，広大なひまわり畑に出かけたり，絵本や図鑑で詳しく調べて理解したり，ひまわりをイメー

ダンス作品「ひまわり」の創作活動・発表の様子

ジした色で布を染めたり，大きな丸い布にひまわりの絵を描いたりと，様々な活動を積み上げました。そして，それらを用いた遊びからパフォーマンスも生まれ，夏休み最後の週には，保護者に早目に迎えに来てもらい，発表するという形でまとめを行いました。

　子どもたちは，積極的にかかわりながら協力して挑み，太陽に向かって元気に真っ直ぐに伸びていくひまわりのイメージを素直に堂々と表現することができました。ふりかえりの場面では，自身のことだけでなく，「私たち・僕たち」という主語を用いて集団全体としての体験を語り成功を喜ぶことばがあったのが印象的でした。スタッフは，このミニ発表会の手応えを得て，発表の場づくりへのさらなる挑戦を続けることになりました。

●発表会「繭～私がえらぶ私～」への挑戦

　夏休み明け，スタッフは話し合いを重ね，4か月ほどの活動期間で，ダンスパフォーマンスの発表会に挑戦することを決めました。子どもたちの意見も含めて，テーマを「繭～私がえらぶ私～」としました。当時のスタッフは，学校生活の中で「失敗しないように」，「間違わないように」と神経をすり減らしている子どもたちの姿を目の当たりにしており，自分を一生懸命に表現し仲間と認め合いながら共に舞台をつくる体験を通して，子どもたちを元気づけたいという願いを共有していました。

作品の創作においては，リーダーが一方的に振り付けて「稽古」をするのではなく，普段の活動の中で生まれた動きやかかわりを軸に作品を構成していく方法を大切にしました。まずは，繭から出てきた生まれたての生物のように，あらためて自分のいまを知ることから始めようと，各々の好きなことや得意なことを探り，動きのモチーフを創っていきました。また，自分を見つめ探索しながらも仲間とかかわり一緒に活動すること

発表会「繭〜私がえらぶ私」

も繰り返し実践し，それらがペアのダンスや集団でのパフォーマンスのシーンにつながっていきました。子どもたちが自ら選び，試し，創っていく過程で，他の誰かと共に笑い合うことができる自分になっていく変化を味わってほしいとの願いをこめて，放課後の日々の取り組みの中で，丁寧に紡いでいったのです。

発表会に向けて，子どもたちは，小道具や舞台美術，招待状も作成しました。いつもの施設のスペースも，幕や飾りつけ，照明の工夫を凝らし，舞台らしく準備することで期待が膨らんだようでした。本番は，月曜日から土曜日までの各曜日別に1週間6回の舞台発表を行い，家族や友人，担任教師，地域の福祉関係者等，のべ100名ほどが来場しました。「自分らしさ，それぞれの個性が表現されていた」，「放課後楽しく過ごしているのがよく解った」，「成長を感じた，夏よりレベルアップしていて驚いた」，「自然なかかわりに，仲間なんだなぁということが伝わってきた」，「学校とは違う集団にいる姿に新たな気づきを得た」等の感想が寄せられました。また，最後に観客を巻きこんで全員で踊る仕掛けがあったので，その場面が楽しかったという意見も多く，そのことばを裏付けるように笑顔がいっぱいの写真が残っています。

「療育」と「居場所」提供の両立

現在，放課後等デイサービスは，「療育」活動を重視する事業所と「居場所」の提供を中心に掲げている事業所があり，二項対立的にとらえられる傾向にあ

ります。しかし，これらの要素は，両立させるべきではないでしょうか。

　現在の日本の特別支援教育においては，子どものあるべき姿を教師や支援者が設定し，その目標に向かって，子どもの能力やスキルを伸ばそうとする方法に偏重し過ぎているように思われます。しかし，本実践を通して，私たちは，子どもの自発性・主体性を尊重し，それらに寄り添うことができたときにだけ，真の意味での成長が生まれるのではないかとの実感を得ることができました。発達の方向性は多様であるべきで，子ども自らが行為の可能性を拡大していく中で，自分にとって何が優れたQOLであるのか，幸せに生きていくためにはどんな力が必要なのか，気づき，選んで，欲し，身につけていく過程こそが「療育」の本質ではないでしょうか。存在そのものが大切にされる「居場所」で，子どもたちが安心して他者や環境とかかわりながら，主体的な体験を重ね，夢中になって身を投じて挑む中で，結果的に，生きる力が身についているということなのだと思うのです。

　このような議論を踏まえて，身体の絶対性・個別性に着目すれば，本実践のような受容的な環境の中で，子どもたちが喜びの中で互いの存在を認め合い，共にかかわりながら，遊び活動や身体表現の場を主体的に成立させていく体験を継続することは，療育活動としても居場所づくりとしても，有効であると考えられます。

教育と福祉の連携促進

　放課後等デイサービスは，開始時より「子どもに必要な支援を行う上で，学校との役割分担を明確にし，連携を積極的に図る必要がある」と，学校教育との連携の強化が提言されてきました。放課後等デイサービスの事業所がパンフレットや報告書を作成して配布したり，研修会を開いたりする工夫も見られましたが，教師の多忙さも要因となり，学校との連携がなかなか進まないという現実が指摘されています。2018年には，文部科学省・厚生労働省共同で「家庭と教育と福祉の連携『トライアングル』プロジェクト」を発足しました。障害のある子どもたちへの支援にあたっては，行政分野を超えた切れ目ない連携が不可欠であり，一層の推進が求められているところです。特に，教育と福祉の連携については，学校と児童発達支援事業所，放課後等デイサービス事業所等との相互理解の促進や，保護者も含めた情報共有の必要性が指摘されています。

　本実践は，このような流れにおいても効果的であったと言えるでしょう。対象の放課後デイサービスは，元より学校との連携を重視していましたが，特に

発表会への招待という自然な流れで訪れた教師たちは，子どもたちの表現に直に触れ，共に場をつくるというダイレクトな体験を得たようです。中には，具体的な支援の実践方法にも興味をもつ教師も現れ，その後の連携の充実に良い影響を与えていました。本実践で行ってきたムーブメント教育によるプログラムは，学校の現場でも，ダンスや身体表現遊びの多様な構成要素を柔軟に適用することで，体育はもちろん，交流学習，総合的な学習，教科学習にも広く活かすことができます。教育と福祉の連携をさらに深める可能性を含んでいると言えるでしょう。

共生社会実現に向けて

　近年の日本の特別支援教育への改革の中で最も重視すべきものは，特別支援教育を「障害のある幼児・児童・生徒への教育にとどまらず，障害の有無やその他の個々の違いを認識しつつ様々な人々が生き生きと活躍できる共生社会の形成の基礎となるもの」と定めたことです。しかし，未だに，障害や能力が個人に還元されるものという解釈が根強く，現状は，自立や社会参加に向けて障害から生じる困難の「克服」や「軽減」に向けた訓練的教育が主流で，理念として掲げられた「共生社会の実現」のための具体的な施策が十分ではありません。

　このような中で，厚生労働省が通知したガイドラインにおいても，放課後等デイサービスの基本的役割の一つとして，「共生社会の実現に向けた後方支援」が挙げられています。すなわち，子どもの地域社会への参加・包摂（インクルージョン）を進めるため，他の子どもも含めた集団の中での育ちをできるだけ保障する視点が求められているのです。

　インクルージョンの視点に立つと，学校だけでなく習い事のような民間教育の活動も含めて，多様な子どもたちが共に育み合う事業が豊富に展開されるべきです。しかし，残念ながら，様々な制限がされることが少なくない現状において，放課後等デイサービスは，その専門的な知識と経験に基づいて，共生社会の実現をバックアップする役割を期待されているのです。本実践の発表会に多くの人たちが訪れ，子どもたちの表現を受けとめ，笑顔で共に踊った熱気ある場面を思い浮かべてみると，この点においても十分な可能性を感じることができました。

「共に生きる」を問う場としてのダンス発表会

　鯨岡（2002）は，「共に生きる」ことに主眼を置いた発達支援は，狭義の「療

育」に色濃くまとわりついている「力をつけるために子どもに何かをさせる」という構えとは対極にあると論じ、「周囲の人たちと共に生きていくなかでその子らしく成長することをいかに支えていくか」という姿勢が重要であると論じています。

ダンスや身体表現遊びを強化したムーブメント活動は、一人ひとりがみんな違うという認め合いから出発し、今ここに生きている一人ひとりの身体の内側の感覚を大切にしながら、外側に向かってつくり出していく体験を可能にします。舞台発表という挑戦は、各々の異なった経験から宿っていた小さな知恵や感性を出し合って、自分たちが求める新たな世界を想像して生み出していく営みに発展します。異なった個性の子どもたちがそれぞれに楽しみ満足するためにはどうしたらよいか、仲間と生きる体験を通して、そのための場を共につくり上げていくことを原理としています。

これからは多様な人たちが「共に生きる」ための倫理の構築を目指して、実体験の中で語り、探り、問い続ける姿勢が必要です。そのための場として、ダンスや身体表現遊びの要素を活かしたムーブメント活動の充実に寄せられる期待は大きいと考えています。

発達障がい児の向社会的行動

私たちは、他者に対する思いやりに支えられた行動や、自分の直接的な利益にはつながらない利他的な行動をすることがあります。ウェルビーイングの研究においても、思いやりのある人や利他性の高い人は幸せだと言われていますが、他者や集団を助けようとしたり、人々のためになることをしようとしたりする自発的な行為は、「向社会的行動」と呼ばれていて、対人関係を円滑にしたり、相互交渉を活発にしたりする上で重要な機能を果たしていると考えられています。

発達障がい児の場合は、他者との相互的なやりとりに困難を抱えていることから、一般に向社会的行動が少ないと報告されています。そして、その要因としては、相手の行動の意図や目標の理解、感情理解や相互交渉スタイル、「心の理論」等が挙げられています。しかしながら、向社会的行動の遂行との関連が明らかにされているこれらの個人内要因は、共感性や役割取得、感情理解等、発達障がい児が最も苦手とする力であり、これらの能力を高めることによって向社会的行動を促進するという方法には限界があると考えられます。

苦手な部分を明らかにするだけではなく、向社会的行動の生起過程や発達に関する知見を取り入れながら、どのような状況・条件であれば、発達障がい児

が他者に対する援助や協力を実現できるのかという視点が必要です。つまり，個人要因だけではなく，状況要因（環境要因）について検討し，他者の存在や場を関係論的にとらえた上で，どのような環境が向社会性を育むのかという視点に立った研究実践が求められます。

ムーブメント教育を活用した舞台づくりに挑む子どもたちの向社会性

私は，これまでの自らの実践において，ムーブメント教育による集団プログラムは，幼児期，学童期の発達障がい児の主体性の高まりや，身体運動や認知の面はもちろん，コミュニケーション能力や社会性，自尊感情の面でも効果があると考えてきました（大橋，2018a）。実践においては，集団活動において他者と共に動く喜びを体験する中で「かかわりたい」という欲求を育むための環境づくりを重視してきました。特に，先述したような舞台発表を目指した継続的な取り組みにおいては，発達障がい児の向社会的な言動の増加を実感してきました。

私たちの活動において，継続的に参加した発達障がい児を対象に，実践記録から抽出された向社会的行動の具体的な内容を分類した結果，次のような5つのカテゴリー（**表5-1**）が見えてきました（大橋，2021）。

表5-1　放課後デイサービスで観察された発達障がい児の向社会的行動

カテゴリー名	定義	例
行動的援助	被援助者の活動に対する具体的援助が生起するもの	他児の着替えを手伝っていた。／スタッフが遊具を出そうとするのに気づき手伝った。／相手に合わせて遊具を投げる高さや強さを調整していた。
心理的援助	配慮や慰めなど，心理的側面へのアプローチが高い行動	落ちこんでいる他児に，優しく応援のことばをかけた。／他児の発表に拍手で応えた。
緊急的援助	緊急性が高い行動	発表前の準備ができなくて困っている他児のことをスタッフに伝えにきた。／けんかをとめようとした。
協力的行動	集団活動を円滑にするために行われるサポートや活動への勧誘行動	「練習始まるよ～」と全体に声をかけていた。／踊り出しのタイミングを全員で合わせようと身体を大きく動かして伝えていた。
非表出的行動	向社会性に基づく，具体的援助が生起しない行動	他児が課題を達成するまで怒らずに待っていた。／本番一人ずつダンスを発表する場面で，他児が遅れたため，決められた割り当て分より短くなってしまったが，笑顔で踊ることができた。

私たちの活動が発達障がい児の向社会的行動促進に影響を与える要因として，以下の2点が関係していると考えています。

（1）身体的同期の豊富さ

　身体的な同期は他者に対する印象や態度を変化させ，向社会的行動を増加させ，同期した動きによって援助行動が増える等の報告があります。これらは，身体的同期が他者との情動的な関係性の土台構築に役立つことを示唆するものです。私たちの実践は，ムーブメント教育にダンスや身体表現の要素を強化した活動であり，他者と同じリズムで身体を動かす身体的同期を行うことは，活動の中心的要素です。同じ空間を共有する者同士の共感性を無意識的な段階から高め，創発的な共同行為の土台となり，向社会的行動を促進すると考えられます。

（2）「所属感」の向上

　子どもが向社会的行動を学習していくには，他者に対して向社会的行動をとることが期待される環境に置かれることが前提条件であり，所属コミュニティーに対する愛着の強さが向社会的行動につながるというモデルが確認されています。集団としての目標を共有し，協同問題解決の共創プロセスに参加することが向社会性の促進と関連します。

　ムーブメント教育を活用した舞台創作活動は，発達障がい児にとって「居場所」としての機能を果たしています。子どもたちは，互いにかかわって遊び，一緒に創作活動を繰り返す中で，次第に仲間意識が芽生え思いやりのある言動も増えていました。ふりかえりの場面では，「私たち」「僕たち」という主語を用いて集団全体としての体験を語り成功を喜ぶ姿も見られました。すなわち，活動を通して，子どもたちは，「私」という視点からのウェルビーイングだけでなく「私たち」の視点からのウェルビーイングをとらえることが可能になっていたと考えられます。

　様々な遊び活動の中で「他者との共有体験」を重ね，「自己意識・他者意識」に焦点を当てた表現活動，個々の主体性を大事しながら集団として発表の場を盛り上げていく展開が，「我々（私たち）」の感覚を無理なく育む取り組みにつながっていると考えられます。

「私たち」の育ち ─遊びの中で仲間を想う気持ちが現れるとき─

　最後に，放課後デイサービスcocoonの舞台発表の日の具体的な出来事をふりかえってみたいと思います。

舞台発表直前のことでした。ユウタくんの衣裳にほころびがあることに気づいたスタッフが，縫い直すために衣裳を脱ぐようにお願いしました。ユウタくんは素直に応じたものの，その後で段々と落ち着きが無くなってしまい，別のスタッフのところに駆け寄り，自分の衣裳を指差しながら何かを懸命に訴え始めました。

　ユウタくんは知的障害があり，ことばでのやりとりには限りがあります。当時，ハンドサインや絵カードの使用はありましたが，具体的なことばを発することはありませんでした。しかし，このとき，訴えを受けたスタッフは，ユウタくんの気持ちを即座に理解できた，まるで心の声が聴こえてくるようだったと報告しています。それは，舞台発表に向けた取り組みの中で，スタッフと子どもたちが，「衣裳や美術は舞台の一部である，だから大切に扱わなければならない」というルールを共有してきたことに関係します。つまり，このスタッフは，ユウタくんの全身の動きや表情から「衣裳がないと舞台に出ることができない。僕はみんなと舞台で踊りたい。どうしよう…，助けて！」というメッセージを読み取ったのです。

　そして同時に，周りの子どもたちもユウタくんのパニックの理由を理解できていたようです。子どもたちは，スタッフと一緒に，ユウタくんに「先生は，衣裳を直してくれているだけで，一緒に踊れないわけではないから，大丈夫」と伝えて落ち着かせました。共に過ごしてきた子どもたちには，言語の表出がないユウタくんの状況と想いが理解でき，そして，彼のために今どうしたらよいのか考え，協力して実行することができたのです。

　衣裳が戻ってきて，ほっとして小躍りするユウタくんを見て，他の子どもたちも笑っていました。ユウタくんと一緒に全員で舞台に立つことが，一人ひとりにとっても共通の願いであり，「私たち」のウェルビーイングにつながるのだということを体験的に理解していたのでしょう。

　日本の子どもたちは，「他人に迷惑をかけないで生きていける」よう教育される傾向にあります。しかし，人間は本来，他者に迷惑をかけながら，そして他者に迷惑をかけられながら，それを幸せと感じるような社会の中で生きていく生物です（山極，2020）。この先の時代を生きていく子どもたちには，個々の力で誰にも迷惑をかけずに生きていくより，支え合うことを幸せとし，楽しく連帯し共生するための知恵や技術が必要です。佐伯（2014）は，人はそもそも，お祭りや宴のように共に楽しみ合う「共愉的（コンヴィヴィアルな）」な存在であり，「人はなぜ学ぶか」についての真の答えは，「他者と共愉的関係を生み

出すことだ」と述べています。ユウタくんを取り巻くこの出来事のように、「お互いに迷惑をかけたりかけられたりしながら、一緒に愉快に生きてゆく」体験を重ねていくことも大切なのだろうと思います。

「私たち」のウェルビーイングを支える「私」の喜び

タクマくんはダンスが得意で、発表会は活躍できる機会として楽しみに挑んでいました。音楽に合わせて一人ずつ前に出て踊るシーンでは、「トリ」を務めることになっていました。ところが本番に、タクマくんの前を踊る子どもたち数人が続けて出てくるのが遅れてしまい、タクマくんが踊ることになっていたカウントがほとんど無くなってしまったのです。私は、彼がソロダンスの見せ場を楽しみに練習していたのを知っていましたから、咄嗟に可哀想にと思いましたし、タクマくんががっかりしたり、怒ったりして、気持ちが崩れてしまうのではないかと心配しました。なぜなら、それ以前のタクマくんは、小学校の生活の中で劣等感を感じることが増えていて、放課後デイサービスでも、他児に注目が集まるだけで、「どうせ僕は…」と否定的な発言を繰り返すことが多く、嫌なことが起こると気持ちを立て直すのに時間がかかっている様子を観察していたからです。

ところが、踊る尺がほとんど無くなってしまったソロのダンスの場面で、タクマくんは笑顔で前に走り出てジャンプをして、その後の全員で踊るラストのダンスの輪に入っていったのです。舞台が終わってから、観に来てくれた家族と談笑しているタクマくんに、私はそっと「ソロダンスのところ無くなっちゃって、残念だったね」と声をかけてみました。そしたら、タクマくんは「みんなの舞台が成功したから、いいんだよ」とさらっと答えました。私は、タクマくんが集団全体の成功を一番に喜ぶ姿に成長を感じました。そして、自分だけの成果ではなく、共同体のパフォーマンスを最大化するために自分に何ができるかという思考で舞台に立っていて、「私たち」のウェルビーイングを支えることができた自分に満足しているのだと知り、感動を覚えました。

人間的全体験としてのダンスムーブメント

ムーブメント教育による遊び活動を積み重ねながら舞台発表に挑んだ子どもたちは、身体的感覚を共にする体験を通して、互いに分かち合い支え合う「共感的他者」となっていたと考えられます。全体の「願い」を共有すると、共同体全体として達成するために、一人ひとりができる「ユニークな貢献は何か」

が問われるようになります。場の発展のために，自然と補い合いの姿勢が生まれ，個人個人には現状に適した役割と課題が生まれ，各々に全体のために価値ある力をつけようとするのでしょう。遊びの場では，異なるものの異なる役割を認めながら多様性を担保していくことが可能になるのだと思います。

　個が場に活気を与え，場の力が成長し盛んになる。すると，個はさらに場からエネルギーを得る…。集団で遊び踊る営みには当たり前に起こる好循環の現象ではありますが，障害のある子どもたちにとっては，稀有な経験なのかもしれません。

　松本（1987）は，「ダンスの特質は，形式を越えて，個としての心と身体，社会的個としての人間と人間を共鳴させる，人間的全体験である」とし，「生命のリズムに融かされた躍動，願いごと，喜びや悲しみが溢れ，互いに感じあい，高めあう所属と連帯の満足，また，優れた自己の達成の誇りなど，すべてが一つに包含されて行動を形づくっている」と論じました。主体性や個性の重視を考えるとき，私たちは，つい社会的な個人という視点を忘れがちです。共同体に属し相互承認関係の中で場をつくり続け，そこで「在りたい自分」の姿を描き，変わりたいと欲して初めて成長を遂げるのではないでしょうか。ウェルビーイングの重要性が叫ばれる今，あらためて，「人間的全体験」としてのダンスムーブメントの役割についてもより深く考えていきたいと思います。

第 6 章

家庭・保育所等・地域の

ウェルビーイングと

遊びの場

6－① 家庭のウェルビーイングを支えるムーブメント教育

子育て家庭のウェルビーイング

　子どものウェルビーイング実現のために，子どもが心安らぐ安定した生活環境が確保され，希望や夢への期待をもって生活できる状態が必要です。そして，子どもが健康で安定した生活を実現するために最も影響力のる環境の一つは，家庭であり，保護者です。子ども自身が家族との情緒的関係性を肯定的にとらえていることがウェルビーイングの実現につながっているという報告もなされています。

　しかし，現代日本の社会は，子どもを育てる家族にとって，厳しい環境と言わざるを得ない状況であり，少子化問題は深刻です。経済的な不景気は，子育て世代の生活水準や消費等物質的な生活に影響を与えていますが，それ以上に，子育て家庭の社会的孤立が深まっていることが深刻です。日本では，子どものいる家族の多くが子どもと夫婦またはひとり親家族となり，世代間や地域社会とのつながりも希薄化しています。「子どもの貧困」「少子化」「核家族化」「ひとり親家庭の増加」「地域社会の希薄化」の中で，子どもとその家族への支援の重要性が叫ばれて久しいのですが，まだまだ明るい兆しは見えません。

　このような中で，私たちが子どものウェルビーイングを実現していくには，「生活の質（QOL）の豊かさ」が極めて重要だと言われています。いわゆる高度経済成長時代に，日本は「物質的な豊かさ」を追求してきましたが，これからの時代は経済的豊かさのみでウェルビーイングを実現することは不可能です。これまでの子育て支援のあり方についても，子育てにかかる経済的な負担軽減や保育所の整備，保護者のレスパイト的事業に関するものが多く規定されており，子どもを育てる親の負担軽減を目的としたサービスとして機能してきたと言えます。もちろん，これらは必須ですが，今後は，さらに，保護者の健康面や心理面にも着目し，保護者がウェルビーイングを高めながら，子育て期を豊かに過ごすことができるような支援が求められていくでしょう。

家族支援に活かすムーブメント教育
―生活の中で無理なく継続できる遊び活動の強み―

　ムーブメント教育は，現在，様々な現場で活用されていますが，療育や地域における実践では，親子，家族単位での参加を基本にした活動が盛んです。ムーブメント教育による障がい児支援の実践が日本で開始された40年ほど前は，日本では，まだ，医療や療育機関の専門家主導によるマンツーマン的な訓練が療育の主流でしたが，ムーブメント教育の対象は，子ども本人だけではなく，子どもを含めた家族全体であり，集団遊びの要素を活用しながら，家族全員で参加でき，楽しい，嬉しいと感じることができる活動を大切に発展してきました。それは，子どもに最も影響力のある「環境」として，保護者や家族の存在をとらえてきたからです。

　今日，障がい児支援や子育て支援を巡る取り組みには，WHOによる障害定義の改訂，インクルージョン思想の発展等も含め，子どもの尊厳に目を向けた新たな視点から「家族の力」を育もうという取り組みが始まっています。子どもの育成支援において，親の子育て充足感や家族全体のQOLを高める活動が必須であると考えられ，家族参加型の活動や親に対する支援，家庭の基盤となる地域への支援について，その必要性が叫ばれています。特に障がい児に対して，ライフスタイル全般にわたる切れ目のない支援を行っていくために，適切な環境を整え有効な働きかけをする最大の存在は家族であり，主たる養育者である母親が抱える困り感やストレスは家族の生活そのものに大きな影響を与えます。そのため，子どもの障害をめぐる母親の認識を正確にとらえつつ，母親自身の主観的幸福感，自己成長感，社会的活動の積極性を高める支援が求められています。

　先に述べたように，ムーブメント教育では，元来より，親子・家族で参加できる集団遊びをベースにすることで「子どもの発達と共に，家庭機能をも促進していく」という考え方が根底にあり，そのための方法論が充実しています。日本独自のムーブメント教育のアセスメント法であるMEPAは，1985年の開発当初から「家族参加」を促す先駆的な要素を含んでいたことが評価されています。日常生活や家庭の中の遊びを通して自然に確認できる内容で項目が構成されているのは，検査者を専門家に限定せず，家族の参加をねらったためです。もう少しでできそうなもの，やりたがっているができないもの，できそうだがやらないもの等から「芽生え反応」の評定をつけることができますが，これら

芽生えの反応の発見には，きめ細かな観察が必要であり，共に生活を営む家族だからこそできる作業だと考えることができます。MEPAの活用や楽しく受容的な集団遊びの体験を通して，家庭での遊びのメニューが豊富になり家族で楽しむ機会が増えたり，親自身にポジティブな変容が生まれたりして，家族力を最大限に活かした支援が可能になることが報告されています。さらに，集団遊び場面での親同士のつながりが自然で無理のない相互支援に発展し，ピアサポートとして機能していることや障害受容へのステップとなっていることもうかがえます。

　家庭での子育ての充実は，まさに，子どもの健やかな育ち（ウェルビーイング）を保障することでもあります。子どもにとって，健康で安定した生活を家庭の中で実現するのが理想であり，多くの保護者が望んでいることでしょう。

しかし，現代社会において子どもと家族を取り巻く環境は，大きく変容し，社会の構造的なゆがみや地域コミュニティーの問題を背景とした課題に対して，社会全体で子どもと家族を支える仕組みが必要です。

　家族支援を重視したムーブメント活動は，遊びを通して，個々の家族のもつ潜在的な力を引き出すと同時に，「子どもた

家族支援　親子活動

ちのウェルビーイングの実現」という目的を共有する人たちと共に場をつくることで，一つひとつの家族が社会の中で「つながって生きる」感覚を体感できる活動としても機能していると言えるでしょう。

マコちゃんちのファミリームーブメント

　マコちゃんは，自閉症スペクトラムの女子で私が出会ったときは4歳でした。マコちゃんの家族は，その後，毎月，両親と4歳上の兄の家族4人全員で参加していました。マコちゃんは，通い始めて最初の半年間は，集団の活動には全く参加せず，教室の隅で一人遊びを続けたり，高い声を上げて部屋の周りを走り回ったりすることが多く見られました。そんなマコちゃんの様子に，最初のころは，ムーブメント教室に通い続けることに関しても迷いがあった，とふり

マコちゃんちのファミリームーブメント

かえって語ってくれた両親ですが，以前から教室に通っている先輩の保護者の
アドバイスやリーダーの話を聞くうちに，「家族で楽しんでみよう」という気
持ちが芽生えたそうです。元来，動くことが大好きで，毎回楽しそうに参加し
ていた兄がムードメーカー的な存在となっていて，私は，彼の影響は大きかっ
たのではないかと考えています。

　マコちゃんファミリーは，毎日の入浴をムーブメントの時間にして，まず，
最初に，浴槽の中では，お湯に浸かりながら歌って名前を呼ぶ遊びから始めた
そうです。また，私の実践では，親子で向かい合って手を合わせてゆらゆらと
揺れたり，「グッパー」と言いながら「パー」で手をパチンと合わせたりする
簡単な動きのダンスムーブメントを取り入れますが，その活動もお風呂の時間
に取り入れたそうです。親子で向かい合って，または兄も入れて円形の形で手
を合わせて楽しんだそうです。浴槽を出ても，身体を洗いながら，身体部位に
タッチングするダンスのプログラムを思い出して楽しんでくれたそうで，様々
な活動の様子を報告してくれました。当時，私は，障がい児の家族支援を目指
したダンスムーブメントプログラムの開発に取り組んでいましたので，マコちゃ
ん一家のファミリームーブメントの様子を知り，大変勇気づけられました。

　また，教室での活動においても，マコちゃんを中心にして，両親と兄が3人で
円になり，楽しそうに手を合わせている姿は印象的でした。多動の傾向が強い
マコちゃんですが，家族の顔を見ながら，その円の中に座り続けて集団のプロ
グラムに参加できたことは，嬉しい驚きでありました。その後の教室の活動にお
いても，家族の遊び力が向上しているのが明らかになり，次第にマコちゃん自
身が参加できる場面も増えていきました。家族全員がムーブメントを楽しんでくれ
たことで，マコちゃんにとっての遊びの場の拠点となったのだと思います。

親子ムーブメント教室に参加する母親の幸福感に関する調査から
―ママたちはどんなときに幸せな気持ちになっているのか―

　家族支援を重視した取り組みを続ける中で，私自身も母親になり，より母親の幸福感について大切に考えて実践を展開するようになりました。活動後の感想に，母親の「楽しかった」，「嬉しかった」，「良かった」等のコメントが増えていき手応えを感じていましたが，私は，さらに，母親たちが肯定的な感情を抱いたときは，どんな場面だったのか，どのような事象が起きていたのか，詳しく知りたくなりました。そこで，コミュニケーション・シート（自由記述式の質問紙）に残された母親自身による記述を対象に分析を試みたところ，**図6-1**のような6つのカテゴリーが形成されました（Ohashi,2019）。

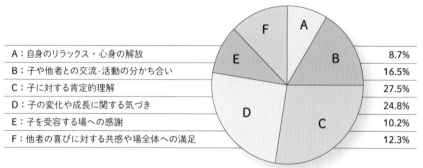

A：自身のリラックス・心身の解放	8.7%
B：子や他者との交流・活動の分かち合い	16.5%
C：子に対する肯定的理解	27.5%
D：子の変化や成長に関する気づき	24.8%
E：子を受容する場への感謝	10.2%
F：他者の喜びに対する共感や場全体への満足	12.3%

図6-1　母親の幸福感に関係するムーブメント活動の場面

〈A：自身のリラックス・心身の解放〉
　「ダンスムーブメントでほっとした」，「いつもバタバタと過ごしていて，身体を使った交流を忘れていると気づいて，穏やかな気持ちになった」等，リラックスできた場面と関係がありました。
　また身体表現遊びの中で，自分自身を解放する体験もハッピーな気持ちに関係していました。例えば，自分の名前を言いながら自由にポーズをとって，それをみんなで真似をするという遊びをやったとき，生き生きと表現してくれた母親たちが，楽しかったと感想を書いていました。「○○ちゃんのママ」じゃなく，自分の名前で表現してほしくて考えたプログラムだったので，楽しんでもらえて私も嬉しかったです。

母親自身のリラックス・心身の解放

〈B：子や他者との交流・活動の分かち合い〉

　我が子や他者と交流して活動を分かち合う体験も母親の幸福感につながっていました。

　特に，発達障がい児の母親にとって，我が子との情緒的な交流がうまくできないケースがあります。ですから，身体部位に触れたり，一緒に揺れたりするだけの簡単なダンスムーブメントでも，その時間，優しい気持ちで触れ合って心が通じ合って，嬉しかったと残しています。

子や他者との交流・活動の分かち合い

〈C：子に対する肯定的理解〉

　私はこのカテゴリーが一番重要だと思っています。子ども自身は何かができるようになったわけではないのに，母親の受けとめ方が肯定的に変化して，その結果嬉しい気持ちが増えていたのだろうと考察しています。

　例えば，ボルダリングの壁の環境を活かして，石に同じ色のシールを貼るとい

う「色の識別」の課題を取り入れた活動を行った日に，ある母親が「赤青黄色が全部解っていて嬉しかった」と書いていました。でも，そのときの記録映像と照らし合わせて確認をして，私は声を上げて驚いたのです。映像には，シールを貼るときに，自閉症スペクトラム児特有の「クレーン」と呼ばれる現象が記録されていました。実は，この母親は，この感想を残した数か月前に診断を受け，おそらく

子に対する肯定的理解

医療機関でクレーンのことを指摘されたのだと思いますが，腕をつかまれるたびに悲しくなる…と話していました。それなのに，このときは，明らかにクレーンの動きをする子どもと共に母親の満面の笑顔が残されていました。

〈D：子の変化や成長に関する気づき〉

　我が子が何かできるようになったり，成長を感じる変化を見せたりしたときには，嬉しい，良かったということばが溢れていました。それまで，集団活動に入れずにいた男の子が，名前を呼ばれて応えたり，パラシュートにも初めて乗れたりした日，母親はとても喜んでいました。

子の変化や成長に関する気づき

〈E：子を受容する場への感謝〉

　我が子が受容される場面で喜びを表している母親もいました。例えば，「開花」のイメージで学生たちが踊って子どもたちには座って鑑賞してもらう予定のプログラムにおいて，数人の子どもたちがリーダーの学生にところに近づいてきてかかわり始めたことがありました。学生たちも即興的に反応して，子どもたちと一緒に花を咲かせる表現が生まれました。最初に出てきた女の子はこの日

子を受容する場への感謝

初めての参加でしたが，ADHDの傾向があり学校では否定されてばかりで苦しんでいたそうで，母親は，我が子の主張をうまく受け入れてくれたことに感謝の気持ちを残していました。

〈F：他者の喜びに対する共感や場全体への満足〉

　他の子ができるようになった場面で我が事のように一緒に喜ぶ感想が残されていました。また，全体の活動の充実や場の盛り上がりに，肯定的な感情を残していました。比較的参加回数を重ねた母親がこのカテゴリーの幸せな感想を残していて，また映像の確認では，他の子の世話をしたり，リーダーのサポートをしたり，場に貢献的に参加していることが解りました。

他者の喜びへの共感や場全体への満足

　このように，子どものありのままの姿や変化を肯定的にとらえることができる場面が母親の幸福感に最も強く関係していることが解りました。このことは，ムーブメント活動において，子どものストレングス（好きなことや得意なこと）を活かしながら，個々の発達段階に適応したスモールステップの課題設定をすることで，肯定的なことばがけや承認の場面を重視していることに起因していると考えられます。

また，自身が遊びの場に身を委ねリラックスしたり，子どもや他者と交流したりすることにも喜びを感じていました。これは，受容的で安全な遊びの場が母親自身の安心感や解放感を高め，特に，触れ合いやリズムの共有等の要素を含む活動によって母子間の情動的な交流の機会を多く提供し愛着関係の深まりを生んだと考えられます。また，遊具の活用法やイメージ，集団遊びの流れを共有することにより，他者との共に体験し共に感じる場面を豊富に備えていることに関係しているでしょう。

　すなわち，母親がムーブメント活動に参加する子どもの姿から，その特徴や発達について肯定的な承認や気づきを得て，さらに，他者と子どもの関係から，自身が子にかかわるための手がかりを自然に身につけていくと考えられます。遊びの中で子どもの行動を観察して，子どもへの肯定的注目を強化することで，「子どもを肯定的に受けとめ，共に楽しい体験を共有することができた」という実感が子どもへの愛情を深め自信を回復する第一歩となったと考えられます。また，母親自身が主体的に遊びに参加し，その体験を共有することを通して自身の気持ちが子どもと重なり，子どもの気持ちや表現の理解が深まり，他者や遊びの場全体への感謝や場づくりを担う一員としての積極的な姿勢にもつながっており，好循環が生じていることが推察されます。

6 - ② 保育所等で生まれる遊びの場とウェルビーイング

保育者・保育所を核とした遊びの場づくり

　2011年度より，神奈川県川崎市では保育所業務がそれぞれの区役所に移管され，区ごとに区民のニーズに合わせた保育や子育て支援をしていくことになりました。このような流れの中で，和光大学に隣接する川崎市麻生区では，学生たちの岡上こども文化センターでの活動をきっかけに，ムーブメント教育による大学との連携を図りました。公立保育所の多くの職員が和光大学で開催した研修講座等に参加したり，逆に私が行政主催の職員研修会の講師として出向いたりして，保育者の学びの場を継続してきました。各園の通常保育における活動と地域子育て支援の両面でムーブメント教育を活用してきた実績があり，

発達障がい児や「気になる子」を含んだインクルーシブな保育の実現に向けても，保育者の資質向上に効果がありました。

　子どもにとって遊びは生活そのものであり，子どもは遊びを通して成長発達していくとする理念をもつ保育者らにとって，遊びを原点とするムーブメント教育には共感することが多く，理論を学ぶたびに「自分たちが今までやってきたことが間違っていなかったという裏付けを得て確固たる自信につながった」等の前向きな意見が多く寄せられていました。その後，元来保育で用いられてきた「絵本」をもとにしたプログラムや「わらべうた」「ふれあい遊び」を軸とした親子ムーブメント等，保育者・保育所の特長を活かした独自の活動にも発展していきました。

保育者・保育所を核とした子育て支援

　日本の子どもと保護者を取り巻く養育環境の現状から，子育て支援の強化は必須であり，保育所等に向けられた期待は大きくなる一方です。厚生労働省も「保育所等における子育て支援の在り方に関する研究会報告書」（令和 4 年）をまとめ，保育所等の特性を活かしたより効果的な子育て支援を強く求めていま

す。しかしながら，過剰に求められる役割や仕事内容の曖昧さから保育者のバーンアウトへの懸念も続いています。私は，これまで保育所等と連携した取り組みから，保育者が自身のウェルビーイングを高めながら，ムーブメント教育の遊びを軸にした保育や子育て支援を実現していく姿に触れてきました。ですから，保育所・保育者だからこそできる子育て支援のあり方の一つとして，ムーブメント活動を展開していくことを推進しています。

アフターコロナの「つながり」づくりを目指したムーブメント活動
―保育所の強みを活かした子育て支援の挑戦―

　保育所や子育て支援の実践現場では，コロナ流行前と比べて，「人とのつながりを大切にしたいと思うようになった」と考える保護者が増えていると感じます。その背景には，コロナ禍により一時的に人とのつながりが断たれて，物理的，精神的にさまざまな不安や苦労が生じやすい状況があったことが考えられます。子ども同士のつながりがもてないだけでなく，保護者自身が園や地域とのつながりを失ったことに悩む声が少なくありませんでした。他者との「つながり」は，子育てに向き合う気持ちにも関連します。子育てに悩みはつきものですが，自分の感情をことばにしたり，誰かに受けとめてもらったりすると，

アフターコロナの「つながり」づくりを目指した親子ムーブメント

不安感が和らぎ前向きに考えられるようになるものです。そうした機会を奪うことになったコロナ禍は，子育て中の保護者に人とのつながりの大きさを改めて浮かび上がらせたと言えるでしょう。私は学生たちと共に，コロナ禍で活動が制限されている間も，保護者や地域の人々の要望に応え，「つながり」を大切にするプログラムや家庭内の遊び活動を促すための工夫を模索してきました。

コロナ禍によってより高まった子育て支援のニーズを検討しながら，2023年度からは，川崎市の認可保育所と連携して継続的な実践を行っています（大橋他，2024）。連携している保育所は，他の多くの保育所と同様，コロナ禍で，保護者懇談会や保護者参加型の行事を実施できず，送迎時においても園内の立ち入りに制限が生じていました。保護者が集団保育の様子を日常的に把握したり，保育者や他の保護者と自然にかかわったりすることによって成立していた関係性が激減してしまいました。そこで，ムーブメント教育を軸とした遊びを活用し，親子間，保育者同士，保育所と家庭，地域との「つながりづくり」を重視した子育て支援を実施すること目指した実践研究を開始しました。

コロナ禍においてもムーブメント教育に関する保育者研修を続けてきましたが，通常の保育だけでなく，子育て支援における活用の理解を深め，5月以降，保育者らが親子遊びのプログラムを実施できるようになりました。参加した保護者からは**表6-1**のような感想が寄せられています。

表6-1　保育所の親子ムーブメント活動に参加した保護者の感想

◆保育園での様子はなかなか見られないので友だちと楽しくかかわる姿が見られて良かった。

◆子どもたちが純粋に楽しんでいる姿を見て一緒に遊ぶ大切さを感じた。

◆普段他の保護者と会うことがないのでこういう機会に会い，しゃべりながらできて楽しかったです。

◆他のことを考えずに子どもと遊ぶことだけに集中できたことでリフレッシュできた。

◆普段子どもと一緒に体を動かすことがなかなかなくて，こういう機会を作ってもらえてとても良かったです。体を動かすと大人も子どももたくさん笑って楽しめるなと思いました。

◆一緒に物事を楽しむと，子どもの表情が全然違うことを改めて感じました。休日は見守りながら遊ばせたり，何か家事をしながらということが多いので，もう少し一緒に遊ぶ事を大切にしたいと思う。

◆大勢の大人が集まると，子どもにしてあげられることが無限大だと思った。

また，ムーブメント教育のアセスメント法である「MEPA-R」を活かした，家庭との連携の試みも開始しました。この試みは，保護者に記入してもらった

MEPA-Rの結果をもとに，より子ども一人ひとりの育ちに寄り添った集団プログラムの実現を目指して，各クラスでのムーブメント遊びを展開していくことをねらっています。保護者が家庭でつかんでいる子どもの育ちを共有し，保育の実践に活用し，その様子を通信等で報告して，あらためて家庭での遊びに活かす視点を提供したいと考えています。

　例えば，1歳児のクラスでは，保護者がつけたMEPA-Rを担任が確認したところ，移動の項目にある「Lo-18.横ころがりができる。」において，ほぼ全員が（＋）でしたが，園では，これまで，横転がりの動きを保育の活動にあまり取り入れたことがないことに気づきました。そこで，保育者は，「横転がり」を軸にした遊びのプログラムを考案しました。そして，子どもたちが得意な「横転がり」の動きから，さらに様々な動きに発展した豊かな遊びの様子を保護者に報告することができました。

MEPA-Rの活用：「横転がり」を軸にした展開

　子どもが遊びの中で主体的に学び育つためには，自ら挑戦したいと感じる課題が必要です。保育者は，日々の保育の中で，子どもたちの遊ぶ姿に寄り添っていますが，MEPA-Rをツールとして，保護者の方々の眼差しを通した姿を共有することで，子どもたちが，今，夢中になって繰り返し挑み，精一杯の力を使って取り組む遊び活動を実現することが可能になります。

　私は，実践の中で，保育者との意見交換も重視していますが，ムーブメント活動の展開によって，子どもや保護者の笑顔に触れ，保育者の意欲や達成感も向上しているように感じます。遊びの中で見えてくる子どもの姿に寄り添いつつ，かかわる大人たちが共有して，子どもが自分で発見する課題を大事にしたいですね，と語り合っています。

遊びがいっぱいの大きな家 ―乳児院での遊び活動支援で考えたこと―

　あるとき，乳児院から子どもたちを対象とした実践を担当してほしいとの依頼がありました。私が講師を務める研修に，この施設の心理職のスタッフが参加していたことがきっかけでした。障がい児も含む１〜４歳までの30名ほどの子どもたちと10数名の職員と一緒に活動しました。最初の実践は，あくまで単発の依頼でしたが，そのとき，子どもたちの生き生きした様子に対する驚きや職員の方自身の「楽しかった」という気づきから，その後も継続したいということで，１年間，職員研修も含めた実践が始まりました。

　私は，このご縁で初めて「乳児院」という施設のことを詳しく知ることになりました。乳児院は，児童福祉法に基づく認可施設で，様々な事情から家庭で暮らすことができなくなった０歳から就学前までの子どもたちを保護者の代わりに預かって24時間体制で世話をする施設です。

　様々な事情というのは，例えば，保護者の離婚や別居，病気，入院，出産，家出，死亡等で子どもの世話ができなくなったとき，経済的な事情や，家庭環境に問題があって子育てができないとき，家族が病気や事故で入院し，付き添わなければならなくなったとき，育児に不安があるとき等，本当に「様々」で，一時的に預けられる子もいれば，生まれたときからずっと…という子もいるのだと知らされました。

　私がかかわった乳児院では，保育士，看護師，心理士等，専門のスタッフが，家庭に近い環境を大事にしながら，一人ひとりの子どもを育み，同時に家庭復帰や里親委託ができるよう専門機関と連携しながら親子関係，家族関係の再構築に向けて保護者支援に臨んでいました。しかし，様々な事情から，乳児院を出た後も児童養護施設等に生活の場を移す子どもたちもいるとのことで，乳児院という場を知れば知るほど，子どもたちも職員も独特の事情を抱えて生活していることが解ってきました。

　子どもたちには，それぞれに様々な背景があり，発達に遅れがある子もいますし，問題行動を起こす子もいました。子どもそれぞれに親代わりの担当職員がつきますが，やはり１対１の対応は不可能です。また，どんなに愛情をもって育んでもあくまでいずれは巣立っていく子どもたちで，家庭復帰や里親との新しい関係を築くことを期待されていました。24時間の養育を可能にするためには，職員の方々のシフトは不規則で仕事外のプライベートな生活との両立においても難しい面があると思われました。

そのような中で，ムーブメントで乳児院の遊び活動をもっと充実させたいと積極的に取り組むことを考えてくださった方々の共通の願いは，子どもたちの「自己肯定感」を育みたいということ，自分が愛されるべき存在なのだと確信して，乳児院で育ったことを誇りに思って巣立っていって欲しいということでした。その想いを受け，私は，「私が出向いて実践をやるのももちろん本望だけど，みなさん自身でやってみませんか」と提案して，施設内の職員研修にも取り組むことになりました。職員の方々が熱意をもって，そして，子どものように楽しんで学んでくださる姿に，私も励まされる想いで通い続けました。研修後，感想や質問等を記入した「ふりかえりシート」が届くのですが，乳児院の生活の中に遊び活動が少しずつ確実に広がっているのが解り，笑い声がこちらまで伝わってくるようで読んでいて嬉しくなりました。

　遊びの場の深まりと比例して，私も先生方も困難だらけと感じていた乳児院という環境を逆にプラスにとらえることができるようになってきました。一人の子どもの近況や性格，興味関心に対して，全ての先生方が語り合っている姿を見ると，これほど複数の大人たちが一人ひとりの子どもたちに責任をもって24時間かかわる場は他にはないと思いました。子どもたちが兄弟以上に密にかかわりながら朝から晩まで互いに刺激を受けていることも魅力的でした。お風呂上がりにちょっと遊ぼうかってタイミングでこんなに広い部屋でしかも集団で遊べる環境も強みと感じるようになりました。

　その頃から，私は，家族支援を重視するようになっていて，遊びは日々の生活の中で無理なく自然な形で行われるのがよいと考えるようになっていましたので，集団によるムーブメント活動と家庭での取り組みの連携は大切な課題でした。その点からも，乳児院には，恵まれた条件，環境がたくさんあるのだと考えました。もちろん私が想像する以上に深刻な問題も多々あったのだと思いますが，都会の核家族には絶対できない，乳児院という大家族だからこそ成り立つ遊び活動が毎日展開できるんじゃないか，と期待をもって取り組んでいきました。子どもたちの乳児院での暮らしの記憶が楽しかった遊び体験のことでいっぱいになるといいですねと語り合いました。

　秋には，8人の保育士が，研修のまとめとして，1か月以上かけて，プログラムの立案，準備に協力して取り組み，当日は，他の職員の協力も得て，「みんなで夢中になって遊ぶ」集団プログラムを実現させました。

　お名前呼びの活動では，子どもたちが各々に返事をする姿に，大人たちが驚いたり喜んだりして反応を見せました。親子のムーブメント教室でも継続して

いくと，自分の子どものことばかり追いかけていた親たちが，集団の活動の中で，子どもの見方が変わり，「私の子」から「私たちの子」というとらえ方に変化していくことがあります。そうなると，みんなで子ども一人ひとりを認め合い，成長を喜び合うという幸せな空気，成熟した場が生まれ，子どもたちも益々のびのびしてきて好循環が起こるのですが，乳児院には，このような大人たちと子どもたちの関係が最初からあるのだと，あらためて気づきました。

「宝さがしの冒険」をテーマにしたプログラムは充実した展開で，子どもも大人も笑顔で，全身で遊ぶことができました。準備段階では，緊張して弱気になっていた先生方でしたが，当日は，本当に達成感に満ちた素敵な笑顔でした。乳児院の子どもたちが，たくさんの「困難」を抱えているのは事実だけれど，大きな家である乳児院の強みを活かした遊びが生活の中でどんどん発展していくことを願って実践を終えました。

乳児院におけるムーブメント活動

6-③ 地域のウェルビーイングと遊びを活かした子育て支援

地域子育て支援における多世代交流型の遊びに生じる多幸感

　川崎市宮前区にある「地域子育て支援センターすがお」では，私が大学で開催した研修で学んだ施設スタッフ（保育士）らが中心となって，ムーブメント活動を開始しました。公立幼稚園跡地に設置された広い庭とホールや複数の部

屋を含む豊かな施設環境において，高齢者ボランティアの会「ひなたぼっこ」の協力が魅力的な展開を生みました。地域子育て支援の活動にムーブメント教育を取り入れることで，ボランティアとして参加していた高齢者が共に活動する場面が増え，より積極的に場を担うようになったのです。その結果，多世代交流がスムーズになり，子どもの発達支援と参加者全員の健康増進を同時に図ることが可能になりました。子育て親子と高齢者の方々は交流することで，お互いに癒され幸せな気持ちになっていたようです。

　ここで行われてきた多世代交流型のムーブメント活動は，子育て支援であると共に高齢者に生きがいを与える活動でもありました。高齢者を対象としたムーブメント活動は「シルバームーブメント」と呼ばれ，既に各地の高齢者施設等でも実践されて成果を上げていました。それらの活動とはまた違って，ムーブメント教育の新たな可能性を示しました。少子高齢化が進む中で，地域子育て支援の担い手として元気に活躍する高齢者の姿は，地域のウェルビーイングを高めたに違いありません。関係者の転居もあり現在は実施されていませんが，その後，周辺地域の活動の参考にされるようになりました。

多世代交流型の遊び：地域子育て支援センターすがお

ムーブメント活動における子育て世代と高齢者の互恵性

　「地域子育て支援センターすがお」の活動をモデルに，2019年度から，和光大学周辺の子育て支援施設「岡上こども文化センター」の親子ムーブメント教室でも，高齢者ボランティアの参加が実現しました。

　活動に参加した高齢者ボランティアからは，「若返った気分になり，新しい自分が発見できる」「親子が楽しんでくれるので，うれしい」「子育てを支援しているというより，自分たちが子どもたちに一緒に遊んでもらって元気になれ，

楽しい」等の声が寄せられました。一方，乳幼児親子のアンケートからは「子どもにいろんな世代の方と触れ合ってほしいので，良かった」「温かい方ばかりなので安心できる」等の声がありました。

　子どもが無邪気に遊ぶ姿は，周りを元気にする力があります。高齢者のゆったりとした包容力は周りの人をホッとさせてくれる癒しがあります。子育て世代と高齢者は，異なる魅力を分け合うことで，互いを幸せな気分にできるのでしょう。高齢者ボランティアが遊びの場づくりを主体的に楽しんでいる様子が親子に伝わり，楽しい遊びの輪が広がっていくと，乳幼児は高齢者のゆったりとしたかかわりに満足し，親たちは高齢者に温かさを感じ，安心して子どもを任せたり相談したりする様子がうかがえました。高齢者も子どもたちの笑顔に元気づけられ，親たちからの感謝のことばに自信を得ることができ，充実した体験による達成感がさらなる意欲につながっており，身体表現遊び活動による好循環が起こっていたようです。

　高齢者ボランティアには，身体的な負担にならない程度でプログラムの実施を手伝ってもらうことから始めましたが，子育て支援の担い手としての意識の高まりから，活動の基盤となっているムーブメント教育の理論や遊具の使い方についても専門的に学びたいという要望も出されるようになりました。高齢者ボランティアにとって，生きがいとしても発展する可能性がこの実践でも確認されました。

　本実践の活動においては，高齢者と子育て世代を中心に学生，スタッフという多世代の人たちの多彩な「違い」を活かす幅広の共同性が生み出されていました。多様な人々との共有体験，多彩な交わりが促進され，参加者は遊びの場を共につくる一員としてより主体的になるという現象が起きていて，まさに，違いのある存在同士が混ざり合っているというインクルージョンの原理を踏ま

多世代交流型の遊び：岡上こども文化センター

えた共愉の場でありました。存在そのもの,「ありのまま」が大切にされ,様々な互恵の関係がつくり出されていたと言えるでしょう。

あそびのちからはいのちのちから ―東日本大震災被災地支援の取り組みから―

2011年3月11日の東日本大震災後,私たちは,被災された東北の方々への想いを抱きつつ,今,私たちにできること,今こそ成すべきことについてあらためて考え,「あそびのちからはいのちのちから」をテーマに掲げ活動を開始しました。「生き方」や「暮らし方」についてあらためて考えざるを得ない時だからこそ,様々な暮らしの中で「衣・食・住」の次になってしまいがちな「遊び活動」の意義を問い直したいと,「笑顔が笑顔を呼ぶ遊びの場づくり」に向けて,学生・卒業生と協力して活動を展開しました。メンバーの被災地における復興支援ボランティア活動を通して,支援団体とのつながりが生まれ,東北地域での支援活動も開始し,2013年度より3年計画で,科学費研究費(課題番号:25350948,研究テーマ:原発事故影響下の子どもの発達と幸福感を育む室内遊びの開発と地域支援の実証的研究,研究代表者:小林芳文,分担研究者:大橋さつき)の助成を受けました。このプロジェクトでは,ムーブメント教育をもとに原発事故影響下にある地域の子ども育成支援を目指した室内遊びのプログラムを開発・実践すること,さらに継続的展開に向けた地域支援として,親や住民を対象としたリーダー養成や地域施設を活かした試みに取り組みました。室内環境としては体育館や広いホールだけでなく,公民館の和室やショッピングモールの狭いプレイスペース等でも,ムーブメント遊具を活用することで十分な運動課題を提供できることに手応えを得ました。また,遊び経験の不足による発達の偏りや遅れを遊びの中で見極め,その場で具体的な支援法を提供することができる方法論は,子どもたちの発達に漠然とした不安を抱える地域で

郡山市子育て支援サークルの活動

は効果を発揮することができました。

　2013年11月に福島県郡山市子育て支援サークルにおいて，親子ムーブメントの実践を行いました。このサークルは，地域の公民館を活用し親子の集いの場を展開しており，お話し会等の子ども向けイベントの他に，放射能除去食品の勉強会を兼ねた調理実習等も開催していました。対象は就学前の子どもとその親ですが，このサークルを卒業した「先輩」にあたる母親たちが，ボランティアとして活動をサポートしている点に特長がありました。自らの子育て経験を活かし，地域の子育てを支えている先輩ママからの要請を受け，私たちは遊びのプログラムを提供するために訪問しました。

　このサークルでの実践の2週間ほど前に，同じく東日本大震災の被災地支援として出張教室を行っていた宮城県石巻市の子育てサークルでも，ほぼ同じ規模のプログラムを実践していました。私たちはスタッフ間で意見交換をし，その2つの地区の実践の手応えの差を実感しました（**表6-2**）。

　石巻市では，津波被害によって多くの施設が破壊されました。その後，公園や子どもセンター等ができたものの，就学前の幼児が安全に遊べる環境がまだ

表6-2　郡山市と石巻市における親子ムーブメントの実践の比較

郡山 子育てサークル（就学前の親子） 2013年11月27日，公民館にて実施 親子14組子ども14人	概　要	**石巻** 子育てサークル（就学前の親子） 2013年11月12日，公民館にて実施 親子16組子ども24人
活動の開始時，集合の際に母親が円の外にいることが多い。母親がなかなか動き出さないので，子どもを抱いたまま歩いたり走ったりするプログラムを追加した。	母親の参加度	子どもと母親の距離が近い。子どもは活発に動き回るが，母親も共に動いており，母親のもとを離れている子どもは少ない。前回の活動を覚えていて，積極的に動く様子が多い。
コミュニケーションシートや会話の中で，震災のことが話題にあがることが少ない。子どもの運動不足を気にする親が多い。	震災のとらえ方	風化させないために当時の状況を綴った子どもへの手紙を冊子にまとめる相談をしている。復興支援が始まった当初から元に戻すのではなく，教訓にして新しい地域づくりを目指したいと話す人が多い。
母親の表情がほぐれ，スタッフと会話したり，子どもたちと一緒に片付けや掃除に積極的に参加する様子が観察された。	終了後の親子の様子	母親も汗をかいており，適度な疲労感を示している。自分の子ども以外の子どもと遊んだり世話をしたりする様子が見られた。
子どもの様子をとてもよく観察しており，それらを中心に活動をふりかえる記述が多い。自分自身のことでは，日頃の運動不足と，他者と触れ合いながら身体を動かすことへの満足感を示すコメントが多い。	感想文の傾向や母親自身の気づき	子どもの反応に関する気づきにも，自分自身の感想を加える記述が多い。子どもの些細な成長に気づいた喜びや子どもや他の親子の笑顔に対する嬉しさなど，集団としての充実度を語るコメントが多い。

石巻市子育てサークルの活動

十分ではなく，物理的な遊び場が不足している状況が続いていました。しかし，私たちと連携をとった子育てサークルの母親たちは，自らが担い手となって新たに地域コミュニティーを復興していこうという使命感をもって活動していました。ムーブメント活動においては，積極的に遊具の使い方を質問する等，今後の自分たちの活動につなげていこうとする意欲や共に集い遊ぶことの意義を再確認している様子がうかがえました。

　一方，郡山市の活動では，子どもの運動不足については心配する様子が見られましたが，原発事故の影響や復興に向けて積極的に議論するような姿はありませんでした。プログラムの前後で母親の表情に心身が解放されたような変化がより強く現れました。

　この実践を通して，私たちは，子どもたちに遊具や場所を与え，「遊ばせる」環境を物理的に提供するだけでなく，共に遊ぶ大人が環境になることが重要であることにあらためて気づきました。原発事故の影響を受け，困難な子育ての状況が続いているからこそ，共に遊ぶ体験を通して，地域コミュニティーの再構築を図ることが必須であると考えました。そのためには，参加者の「遊びの概念」をとらえ直し，遊びの場をつくることの意義を共有する必要があり，日常の中に自然な形で遊びを取り入れ，無理なく継続できる環境をつくることが求められました。

　そして，さらに，私たちが単発の出張ムーブメント教室を行うだけでなく，保護者や現地の支援者にムーブメントプログラムの体験と連動した研修を行い，遊び環境の担い手となる「大人」を育てることが最も重要であると考え，研修にも力を注ぎました。その結果，地元の保育者等の支援者が，ムーブメント遊具を活かしたプログラムを実施することが可能となり，人や施設等の条件に柔軟に対応しながら，子どもの発達段階に合わせた課題を提示できるようになり

ました。さらに，無理なく参加者同士のかかわりを促し，自然なコミュニケーションの機会をつくり出すことができました。また，絵本や季節をもとにしたテーマやストーリーを設定することで，共に遊びの場をつくる体験が深まり，コミュニティーの形成につながることが期待されました。

小学校における親子遊び活動の可能性
―原発事故影響下の子どもの運動習慣改善を目指した取り組みから―

　東日本大震災に伴う原発事故発生後，福島県では，被爆する放射線量の低減化に向けた取り組みとして，児童の屋外活動の制限が実施されていました。子どもたちの多くは放射能への不安により屋外で十分な身体活動を実施できておらず，生活環境の変化によって，子どもたちの健康へ影響が懸念されていました。特に，外で遊べないことで運動不足につながり，体力・運動能力の低下や肥満児の増加傾向を示す報告がなされていました。

　このような課題を受け，「東北版あそびのちからはいのちのちから」の取り組みの一環として，福島県郡山市の小学校PTA主催で親子のムーブメントプログラムを実施しました。先に紹介した，同地区の子育てサークルでボランティアスタッフとして活動していた「先輩ママ」たちが，当時小学生だった自分た

郡山市の小学校PTA主催の親子活動

表6-3　郡山市小学校における親子ムーブメントに参加した子どもの気づき

カテゴリー分類	記述数	%	主な例
（あ）動くことによる爽快感・満足感	83	34.3	たくさん動いて楽しかった。すっきりした。
（い）活動への意欲	70	28.9	またやりたい。体育でもやりたい。休み時間もできると思う。
（う）他者（他児・親）との交流の喜び	42	17.4	クラスの全員とできたのが嬉しかった。久々にお母さんと一緒に遊べて楽しかった。
（え）親への気づき	39	16.1	お母さんが結構動けて，びっくりした。ずっと笑っていた。親たちが意外と頑張っていた。大人が子どもみたいだった。
（お）活動全体の評価	9	3.7	いつもの体育と違ってみんな笑顔で良かった。いい時間だった。

表6-4　郡山市小学校における親子ムーブメントに参加した親の気づき

カテゴリー分類	記述数	%	主な例
（ア）子どもとの触れ合うことの喜び	80	25.5	子ども久しぶりに一緒に遊べて嬉しかった。抱きしめたのはいつぶりだろうかと考えた。
（イ）自身の体力や運動習慣への気づき	67	21.3	久しぶりに動いた。夢中になってやったが，こんなに動くと思わなかった。日頃の運動不足を痛感した。
（ウ）子どもの新たな一面への気づき	55	17.5	我が子にこれほど慎重なところがあるとは思わなかった。家では想像できないほど優しい。よく周りを見ている。
（エ）子どもの成長や変化を実感	48	15.3	こんなこともできるようになっていたんだなと実感した。動きがダイナミックになっていて，成長を感じた。
（オ）安心・リラックス	34	10.8	子どもたちが生き生きと遊ぶ姿を見て安心した。身体を動かしてリラックスできた。楽しく活動できて癒やされた。
（カ）活動全体への評価	30	9.6	重要な活動だと思う。ぜひ広げて欲しい。新聞紙やスカーフなど簡単なものでこんなに遊べるということが解った。

ちの子どもともムーブメント活動ができないか…との要望が出され実現したものです。

2014年9月，小学校の体育館にて，小学校4年生の親子91組（2クラス）を対象にムーブメント遊びの活動を実施しました。保護者として参加したのは，父親は1名，祖母が3名，教員代理1名，他は全て母親でした。「ママ（パパorおばあちゃん）は私のパートナー！」を掲げて，パートナーを信じて目を閉じて歩く「ブラインドウォーク」，スカーフや新聞紙を活用した遊び，そして，パラシュートムーブメントでプログラムを構成しました。

参加親子が感想として残した記述をもとに，カテゴリー分類を行ったところ，子どもは5カテゴリー，親は6カテゴリーが抽出されました（**表6-3，表6-4**）。

活動後の感想から，多くの子どもたちが活動を通して，動くことそのものによる爽快感や満足感を得て，活動への意欲を示していることが解りました。一方で，親は，自身の体力や運動不足について否定的な気づきを得ながらも，子どもと触れ合って共に遊ぶことへの喜びを表していました。また，「大人たちが子どもみたいだった」，「お母さんが結構動けて驚いた」等，子どもの親や教師に対する記述からは，活発に遊ぶ大人たちの姿に刺激を受けた様子がうかがえました。

震災以降，福島県では，特に子どもの体力向上や運動習慣の改善が継続的な課題として挙げられていましたが，子どもは，他者との交流の中で他者の行動を観察し，模倣しながら行動の仕方を学ぶことが多いため，行動変容を起こす場面においては，親や学校の教師等の身近な大人の行動が社会的要因として果たす役割が大きいのです。当時，「毎朝体育館を10周する」等，子どもに運動を「させる」ための対策が様々にとられていました。しかし，子どもの運動促進のためにも，大人自身が影響力のある環境として「動くことが楽しい」「全身で遊ぶことが幸せ」という姿を提示することの意味をあらためて確認しました。さらに，親自らが子どもと共に活動に参加することで，自らの運動不足を反省したり，運動遊び活動の意義や方法を体験的に無理なく理解したりしている様子も確認できました。ムーブメント教育が家族支援を基本としてきたことに通じる重要な点です。

特に，この実践の対象となったのは，震災直後またはその1年後に小学校入学を迎えた境遇の子どもたちとその親であることを考えると，親の気づきに，「安心した」，「癒やされた」とのことばが残っていたことも重くとらえたいと思いました。子どもが生き生きしている姿に触れながら共に遊ぶことで，親たちは幸せな気持ちになったのでしょう。

また，多くの親が自分の子どもとの触れ合いに限定した気づきや表現をしていたのに対して，子どものほうは親だけでなく他児も含め他者との交流の喜びを表していたのが特徴的でした。継続することで，親の意識も変わってきただろうと思います。

　さらに，親も子も互いに家庭で把握していた姿とは違う意外な面，新たな気づきについて記述していることが興味深い点でした。小学4年生は，ちょうど第二次性徴を迎える年齢にあたり，成長への欲求と激しい感情の裏に様々な不安が入り乱れる頃で，一般的に親子関係に困難が生じやすいと言われています。思春期特有の心の揺れが生じる前に，親子の信頼と応答のある関係を確立しておく必要があり，そのような面においても家庭以外の場所でかつ集団の中で親と子が無理なく自然に向かい合うことのできる活動として，ムーブメント教育の意義と可能性を見出すことができた実践となりました。

福島の親子から学んだこと ―子どものウェルビーイングを左右する遊び環境―

　郡山の子育て支援サークルで，秋の果物狩りの遠足をイメージしたプログラムを実施したときのことです。ラストにパラシュートムーブメントを行い，落ち葉をイメージした紙吹雪を散らしました。体育館の高い天井まで舞いあがり散ってくるファンタジックな落ち葉の動きに歓声があがり，子どもも大人も飛び跳ねて喜んでくれました。

　しかし，その直後，床に積もった紙吹雪を大事そうに集めている子どもたちの姿が目に入り，そして，「ママ，この葉っぱ触っていいの？」とたずねる小さな声が聞こえてきて，私は，砂や土や葉っぱに触れることを禁止されてしまう子どもたちの現実に意識が戻りました。

　終了後，母親たちが残したアンケートには，「禁止」や「制限」をしなけれ

この葉っぱ触っていいの？：紙吹雪を使ったプログラムの後で

ばならないことが多く，「あれだめ，これだめと言わなければならなくなった。本来怒らなくていいことなのに怒っている自分が居て嫌になることがあります」，「ただ楽しく子育てがしたいです」等の切実なことばが残されていました。

　震災以降，支援プロジェクトとして，数年間懸命に取り組んできましたが，自分の力の及ばない大きな壁を感じ茫然することも多々ありました。原発事故から10年以上が経った今でも，被災地の子どもたちの課題は続いています。しかしよくよく考えてみると，それは，日本の高度経済成長の陰に1980年代頃から始まった，子どもたちの遊び環境の悪化の問題点をより顕著に浮き彫りにした出来事かもしれません。様々な苦労と制限を受けてきた福島の親子に対して，私たちのムーブメント活動ができたことは，ほんの一時の小さなことかもしれません。しかし，この「東北版あそびのちからはいのちのちから」の挑戦で確かに生まれた笑顔たちを忘れずに，日本全国の子どもたちのウェルビーイングの実現につなげていきたいと考えています。

「私の子」から「私たちの子」へ
―少子化社会の中でウェルビーイングを実現するために―

　家族参加型のムーブメント活動においては，参加する大人が子ども以上に元気で生き生きと遊んでいて，親子の組み合わせが解らなくなってしまうことがあります。

　これは，全ての大人が全ての子どもにかかわって，共に遊ぶ主体として参加しており，子どもが「私の子」でなく，「私たちの子」としてとらえられ，遊びの中で，子ども同士，子どもと親，親同士，子どもと地域の大人たち等が活発にかかわり合い，交じり合い，にぎわっている状況であると考えられます。

　私は，地域が，社会が，国全体が，一人ひとりの子どもを「私たちの子」として，育んでいくことが，究極の親支援，子育て支援であり，少子化社会の中で子どものウェルビーイングを実現する鍵ではないかと考えています。

　そのために，幸せで活気のある遊びの場が様々な施設や地域で一つでも多く展開されることが求められます。そして，その場に集った大人たちが一人ひとり子どもの喜びを「私たちの子」の喜びとして受け取ることで，子どもの笑顔に触れて自分自身のウェルビーイングを高める体験を重ねていくことができるでしょう。さらに，そうやって高められた個人のウェルビーイングの集合体として，組織や地域のウェルビーイングが高い状態の実現が可能になるのではないでしょうか。内田（2020）は，「地域の幸福の多面的指標のモデル」において，

地域の幸福は，地域内の他者との信頼関係（地域内の社会関係資本）と地域のための行動（向社会的行動）と互いに支え合う関係にあり，地域内の他者との信頼関係（地域内の社会関係資本）は地域の一体感を生み，加えて，それらが異質・多様性への寛容さを促して，さらなる地域のための行動や多世代共創をつくり出すことを説いています。

　遊びの場で「私たちの子」と共に遊ぶことで恩恵を受けた大人たちにはこのような，個人のウェルビーイングと地域のウェルビーイングの循環が起こります。その大人たちが，社会全体のウェルビーイングを高めていくことで，子どもを包みこむ幸せな遊びの場がまたどこかに生まれることを願います。ムーブメント教育による遊びの場は，笑顔が笑顔を呼ぶ好循環をつくり出すのです。

CHAPTER

7

第章

ウェルビーイングな

社会を担う市民の育成と

遊びの場づくり

学生たちが担う遊びの場
―大学と地域の連携による子育て支援の実践―

ムーブメント活動を楽しむ学生グループ「遊び種〜たんぽっぽ〜」

　「和光大学親子ムーブメント教室」には，これまで，障がい児を含む地域の親子が参加しており，2004年度の開始当初より，「ムーブメント教育」について学んでいる和光大学の学生たちが積極的に参加しています。次第に学生たちは，授業の枠を超え，自主的な研究活動を展開していきました。2007年度より，和光大学学生助成金の制度の下で研究成果を上げるようになり，2009年度には，和光大学におけるムーブメント教育の研究グループとして，「遊び種（あそびぐさ）〜たんぽっぽ〜」と名乗り始めました。「遊び種」には，遊びの材料や遊びの相手という意味がこめられているそうです。ムーブメント教室に参加する子どもたち，大人たち，学生たちが遊びの種を持ち寄り，みんなが集まることによって，たんぽぽの花のような場をつくりたい，そして，たんぽぽの綿毛のように飛んでいき，また他の場で花を咲かせていきたいという思いがこ

さがまちコンソーシアム大学学生講師プログラム

めcられています。「たんぽぽ」ではなく，「たんぽっぽ」としたのは，当時の教室で定番となっていた遊び活動（「汽車ポッポ」の童謡を口ずさみながら，フープやロープの遊具を用いて連なって移動する活動）を連想させ，さらに，どこまでも続いていく動的なイメージを含めたからとの説明がありました。

　2009年度には，過去の研究活動を経て，「共に存在し合う場をつくるドラマムーブメントの可能性〜和光ムーブメント教室の実践をもとに〜」というテーマに辿りつき，子どもだけでなく，保護者や自分たち学生も含んで，そこに居る全ての人たちが「楽しい」と感じる環境づくりを目指してプログラムを実践しました。また，学外で開催される子育て支援や障がい児支援の活動にも積極的に参加しており，2010年2月，3月には，大学と地域の双方におけるさらなる人材育成の場として「さがまちコンソーシアム大学『学生講師』プログラム」という，地域市民向けの講座の企画・カリキュラムづくり・当日の講師までの一連の講座運営を学生グループが担当する試みに，当時の学生たちの企画が採用され，温水の室内プール（さがみはら北の丘センター），照明機材が豊富な劇場（グリーンホール相模大野）という地域施設（環境）を活かした親子ムーブメント教室を開催しました。

遊び活動が生み出す「生活圏」を意識した地域子育て支援

　2010年度に入ると，学生たちは，大学から徒歩圏内にある児童館型施設「岡上こども文化センター」における子育て支援事業の一環として，就学前の幼児親子を対象としたムーブメント教室を担当するようになりました。この活動の始まりには，担当教員である私の産休により，それまでの大学内での活動が一旦休止となったという事情が背景にあります。当時の学生たちは，教員である私が居なくても自分たちだけで実践を継続できないか…と場を求めて動き出し，大学と連携のあった地域施設「岡上こども文化センター」の協力で挑戦の機会を得たのです。私が報告を受けたのは，全てが決定した後で，当時の学生たちの行動力に驚かされたことをよく覚えています。よって，それ以前の学内外におけるムーブメント教室の活動に比べると，学生たちが主体的に（勝手に）始めた取り組みであり，当然ながら彼らの責任や負担は格段に増し，学生独自の活動として発展したのです。

　さらに，それ以前の活動と比べて興味深いのは，私や学生たちが用意した遊びの場に募集をかけ親子を迎え入れる形態ではなく，参加する親子にとって既に生活の場の一部となっている岡上こども文化センターに，学生たちが「遊

和光大学「出張」ムーブメント教室の様子

び」をもちこむという関係性が前提
になっていた点にあります。学生た
ちのほうが出向く形態をとったこと
から、「和光大学『出張』ムーブメ
ント教室」と呼ばれるようになりま
した。迎え入れるのは施設スタッフ
と場に慣れた親子で、リーダーを担
当する学生たちは若く経験不足でも
あったので、ここに、子どもたちを

出張教室に出かける学生たち

中心にして集まった地域の大人たちが学生たちをサポートし、主体的にかかわ
り合うという連携の構図が自然に生まれたのです。

　当時の活動メンバーは、既存のコミュニティーに対してかかわっていく難し
さや、それ以前までの活動との違いから様々な課題に直面し多くの失敗も体験
していますが、実践を重ねる中で、「地域のつながり」を強く感じる場面をた
くさん得たと報告してくれました。通学途中に地域の親子に声をかけられたと
か、出産間近のある母親のことを心配してそろそろ産まれただろうかとか、「ご
近所づきあい」を楽しむような話で盛り上がっている学生たちの様子が新鮮で
興味深く感じました。連続性のある遊び活動を通して、学生たちにとって単な
る通学路だった大学周辺地域の印象が変わり、地域の子育ての有り様を身近に
感じ、生活圏を共有する者として子育てを共有する意識が芽生えていたようです。

　この活動は、2012年度には、地域と連携を深めながら、子育て支援の場づ
くりに貢献してきたことが評価され、「財団法人学生サポートセンター第10回
『学生ボランティア団体』助成金」において「地域連携（交流）」の分野で支援
先団体に採択されました。生活圏を共にする者同士が子どもたちを中心にした
遊びの場で互いに連携をつくり出すことで、「支援する側－支援される側」と
いう関係を超えた子育て支援の新しい姿を見出しながら、発展を見せていきま
した（大橋，2018b）。

7－②　卒業生が語る
―遊びの場づくりの体験と今―

卒業生を対象としたインタビュー調査から

　在学中,「岡上こども文化センター和光大学親子ムーブメント教室」を積極的に担った経験のある卒業生のうち,協力が得られた12名を対象に2021年11月,インタビュー調査を行いました。

　主なインタビュー項目は,「卒業後から現在までのキャリア」,「親子ムーブメント教室の活動に参加した期間」,「活動に参加したきっかけ」,「活動中の思い出やふりかえって今思うこと」,「活動の経験が現在の自分の生活や仕事に役立っていると感じることがあるか」です。以下,調査結果をもとに,特に共通点に着目して考察します。

「楽しい」が一番大事な原動力

　和光大学のムーブメント活動の特長として,親や地域の大人たちの感想からも,「本気で遊ぶ学生たち」の存在そのものが魅力的な環境の要素と受けとめられており,折に触れて,私はその影響に注目してきました。本調査においても,卒業生は当時をふりかえり,「準備の段階から全てが楽しかった(D氏)」,「今思えばよくやったなってくらい大変だったけど,教室の日が楽しみだった。少しも苦ではなかった(G氏)」,「一番に思い浮かぶのは,『楽しかった』ということ(K氏)」等,継続的に活動に取り組んだ理由としては,共通して「楽しかったから」と答えています。

　現在,特別支援教育,児童福祉,保育等の現場で,子どもたちを対象に,ムーブメント教育・療法の実践経験を直接活かすことができる職種に就いている者でさえも,学生時代は「将来の仕事のために」というよりも,まず,「やっていて楽しかったから」続けていたと回答しているのが興味深いところです。保育士のJ氏は,在学中は,資格取得のために乳幼児とかかわる現場を他にも体験していたが,それらとは違い,本活動は「学生時代に仲間と遊びぬいた体験」の一つであると語っています。彼ら自身が吸い寄せられるように活動の輪に入り,その瞬間に感じた「楽しい」,「ここに居て嬉しい」という想いが原点にあることを確認することができました。

表7-1　卒業生を対象としたインタビュー協力者の概要

ID	卒業年度	卒業後のキャリア・職種等
A	2012年3月卒	保育所非常勤職員 → 障がい者入所施設職員
B	2012年3月卒	重度障がい者施設生活指導員 → 児童養護施設児童指導員
C	2013年3月卒	米国留学→印刷出版会社勤務 → 社会福祉協議会職員
D	2013年3月卒	高齢者介護系フィットネスインストラクター → 就労移行支援事業所職員
E	2013年3月卒	特別支援学校非常勤講師 → 特別支援学校教員
F	2014年3月卒	ダンスグループ主宰＋百貨店アパレル販売員（非常勤）
G	2014年3月卒	イベント企画運営業務＋ダンス講師 → ダンス教室主宰
H	2015年3月卒	家電量販店販売員 → 飲食関係勤務＋NPO法人手伝い
I	2017年3月卒	家電販売店勤務
J	2018年3月卒	保育所勤務 保育士
K	2018年3月卒	私立小学校非常勤講師 → 私立高等学校教員 → 児童養護施設職員
L	2018年3月卒	IT系派遣会社勤務 物流管理

　F氏は，本活動を通して，「お互い一緒に今日を生きている感覚がないと，遊べない，面白くない，予定調和で変化が起きない」とふりかえっています。春原（2010）は，「場づくり」とか「環境づくり」というときには，「つくる人の世界観が問われる」と述べています。卒業生のことばからは，学生時代の彼らが「誰かに楽しんでもらいたいのなら，自分が真っ先に楽しむことが大切」で，「楽しむには色々な力が必要」だということ，また，リーダーは，一方的な場を用意して「させる」というやり方をとるのではなく，本来の遊びが発展していく「ゆとり」や「ゆらぎ」のある環境を提示し続けることが重要である等，自ら遊ぶ主体としてかかわることで，場の担い手としての気づきを繰り返し得ていたことが明らかになりました。

　本来，人間の生の様式に深くかかわっているはずの遊びの本質が，残念ながら，現代社会や学校教育においては変容してしまっていますが，B氏が「遊びつくして，力がついた」と語ったように，本当の「学び」と「遊び」のあいだに境界線はなく，人間はワクワクしながら行動することを通じて，結果として，新たな気づきを得て生きるために大切な力を自然と身につけていくのでしょう。彼らにとって，本活動は，遊びと学びが溶け合い一体化しているような体験と

して記憶されていたことを確認しました。

　さらに，そのような体験が，現在の生き方に大きく影響しているケースも確認できました。例えば，A氏は，「とにかく自分がいかに楽しむか（が大事）。自分が楽しければみんなも楽しんでくれるという考えを，仕事でも子育てでも大事にしている」と語りました。また，F氏は，「（仕事の成果を）数字で出すことだけでなく，それは，楽しいか？　面白いのか？　という問いが自分の判断基準になっていて，それで大体のことは，うまくいくと実感してきた。どんなことも，結局は人の心を動かせないとだめだから」と言い，仕事を楽しむコツをつかんだような様子がうかがえました。加えて，「『効率』『分かりやすさ』『誰かが設定してくれた基準に則る安心感』をベースに行動する人が多いが，それが実は逆効果だったり，より良い可能性をつぶしていたりすることに気づいてない。そういう人ともぶつかり合って，より面白い方向へつなげていこうというエネルギーを，この体験からもらっている」と述べています。

巻きこまれ，貰い受けた場への感謝

　活動に参加したきっかけとしては，「子どもが好きだから」，「ムーブメント教育の授業を受けて興味をもったから」等，予想していた回答以上に，先輩や友人に「誘われた」，「なんとなく連れて来られた」，「ちょっと手伝ってって言われて，気づいたらずっと…」等，よく解らないうちに，「巻きこまれた」感覚を表した者が多くありました。もちろん，その後は，先に論じたように，「楽しかったから」主体的に続けたのでしょう。しかし，始まりとしては，「おいでよ」，「ちょっと手を貸して」，「一緒にやろうよ」と呼びかけられたり，強引に誘われたりした体験があり，当時を思い出して苦笑いする者やその偶然の出逢いに感謝することばもありました。内田（2022）が論じるように，大学生活で起こることの多くは「図らずも」起きたことであり，後に貴重な出逢いと認識される出来事でも，最初は，たまたまのちょっとしたハプニングであったのかもしれないのです。同時に，他の誰でもなく自分が呼びかけられ誘われたことは，「あなたが居ることを願う」という承認であり，このような「偶発性」のうちにキャンパスライフの豊かさはあると言えるでしょう。そして，本活動に限らず，かつての大学生活のあちらこちらに，このような出来事が日々溢れていたはずです。卒業生たちの話を聞いて，あらためて，今，このような偶発的な出逢いや想定外の世界に誘われる体験が極端に減ってしまっていることが，コロナ禍の大学の深刻な問題であることを確認しています。

また，K氏にとっては，1年生の時にリーダーを務めていた先輩たちのようになりたいという等身大の憧れが，活動の原動力になっていたそうです。巻きこまれた場で，既に活動している「先輩」たちは，学生たちにとって身近な成長のモデルであり，象徴的な存在であったのだろうと推察されます。本活動の創設期のメンバーであるA氏でさえも，既に他の地域でムーブメント活動のリーダーとして活躍している卒業生とのかかわりがあったことで，「先輩たちの存在が，先生がいなくても自分たちにだってできるはずだと思わせてくれた」と語ってくれました。このような発言から，学生たちにとっては，モデルとなる憧れの「先輩」と自分の属性が近いということが重要であると考えられます。例えば，プールに飛びこめない子どもの前で競泳選手が泳いでも有力な情報にはならず，自分に近い属性のある者や日常的に接している相手が自信をもってその行為をしていることが最も効果的であると考えられます。子どもたちを対象としたムーブメント教育において，異年齢やインクルーシブな集団での実施が推奨される理由はここにありますが，学生たちにとっても同じような関係性による影響があったことが確認できました。

　さらに，中心的に活動を担っていた先輩たちの卒業が近づく頃，下の学年の学生たちが次年度の活動について悩み気弱になる時期を通過してきたことも共通して起こっていたことが確認されました。「自分たちだけで実施できるかどうかは解らないけれど，偶然に巻きこまれた場が『いいもの』だということは解っているので，残したい」という率直な願いがあり，「貰い受けた活動だから継承していきたい」と思った等のことばには，共通して，巻きこまれた場への「感謝」や活動そのものへの「敬意」のようなものが感じられました。

「私たち」の願いに貢献できた「私」への自信

　それぞれの年度で，人数や経験にばらつきはありましたが，総じて，「一人ではできなかった」，「仲間が居たから続けられた」と同時期に活動したメンバーの名前を挙げて感謝の想いを語る点も共通していました。巻きこまれた場で体験を共にしてきた時間が，その場を継続することへの願いを共有しているはずだという仲間への信頼に直結していたようです。そして，各々が任されたことをやり抜いた体験は，仲間の信頼に応えられた自信となって，彼らの中にしかと蓄積されていることが伝わってきました。

　また，場に貢献したいという想いを共有した仲間が主体的にかかわることで，それぞれに得意不得意がはっきり見えてきたという体験にも共通した点が見え

てきました。「仲間と比較して，自分の苦手なこと，弱さも含めて自分をより
知ることできた（B氏）」，「施設との連携のための連絡・交渉に関しては，自分
が一番向いていると感じていたので，積極的に担っていた（I氏）」，「他の人
みたいにはできないことが多いけど，じゃあ，自分がこの活動のためにできる
ことは何だろうと真剣に考えて模索していた（H氏）」等のことばから，当時
の彼らの意識が，他人から与えられた場への見せかけの参加やその場限りの参
加ではなく，「私たち」の営みをより良くするための「参画」と呼ぶ段階に発
展していたことが解ります。「臨機応変が求められる実践の場で融通が利かな
い完璧主義の性格は，自分の弱みだと感じることもあったけれど，逆に，遊具
を毎回しっかり準備できているのは自分だぞと思える時もあった」と語るL氏
は，ある面では弱みに見える自分の特性が，違う面では強みとなる体験を得て，
そのような多角的な視点から思考する力が今の働き方に活かされていると述べ
てくれました。

　実際に親子ムーブメント教室の活動そのものが「遊びの場を共につくる」展
開であり，テーマやイメージを共有しながら，一つの共生態として未だ存在し
ない場を自分たちでつくり出すという面白味を有していることが特徴です。そ
の体験を重ねる中で，彼らは，企画運営の段階においても，共同体全体として
の目的を達成するために，一人ひとりができる「ユニークな貢献は何か」とい
う問いをもつようになったのではないでしょうか。場の発展のために，互いに
補い合う姿勢が基本となり，個々の現状に適した役割と課題が生じ，さらに各々
が全体のために価値ある力をつけようと挑んできたのでしょう。すなわち，彼
ら自身が求める理想的な遊びの場の構築に参画しながら，その場によって自己
を変容させる試みを続けてきたのだと言えるでしょう。

　自分自身をふりかえり，力不足を省みて「仲間にたくさん迷惑をかけた」と
いう発言をする者もありましたが，当時の彼らの取り組みを思い出してみると，
確かに，互いの得意不得意について冷静に判断するし，時に指摘し合うような
姿もありました。しかし，不信に思ったり，見下したりするような態度では決
してありませんでした。当時，彼らが考えていたことは「共同体全体のパフォー
マンスを最大化するために自分は何ができるか，自分の活かしどころはどこか」
であったので，そのために価値ある力をつけたいと欲し試行錯誤する中で失敗
することがあったとしても，その行い自体が全体の場に活気を与えていたのだ
ろうと思われます。

　E氏は，特別支援学校教員の仕事について，「専門性も必要だが，特にチー

ムティーチングが重要である」と分析しており，本活動の経験を通し，「チームで一つの目標に向かっていく大切さ」を学んできたことが自信につながっていると加えました。F氏は，本活動において，「臨機応変力，問題解決力，提案力」が高まったと自己分析し，「『無いならつくる』，『必要ならやる』，『周りの力が必要なら巻きこむ』といった感性で物事を見ることができているので，職場の他の人たちが立ち止まってしまうような問題が起きても提案ができる力が評価されている」と語ってくれました。また，学生時代から，特に子どもが好きというわけではなかったけれど，学生主体で企画してチームで現実的な課題に挑むことができるという点に魅力を感じ，直感的に面白いと思って続けてきたと答えるI氏は，本活動の経験はどんな仕事にも通じることがあるだろうと述べています。自身についても，所属する組織内で，企画の発案から実行する段階全てに活かされていると語りました。学生時代と変わらず穏やかな口調でしたが，「これでも，職場では言いたいことは，はっきり言ってますよ…」と笑った後，「場を良くするために必要だと思うことは言わないといけない，場に居るだけで責任があるから…」と加えてくれたことばが印象的でした。「私たち」の願いとして遊びの場づくりに貢献してきた「私」の体験が，社会人となった今，所属する組織を担う自信や責任感につながっているのだろうと感じる力強い発言で，こちらも嬉しく聞きました。

　最近では，学生たちの間でも，「他人に迷惑をかけない代わりに，誰からも迷惑をかけられたくない」という傾向が増しているように感じています。人材育成における能力開発，個性の重視を考えるとき，私たちは，つい，「関係性の中にある個人」という視点を忘れがちです。学ぶ主体，育つ主体は学生自身であり，学生たちは，共同体に属し相互承認関係の中で場をつくり続け，そこで「ありたい自分」の姿を描き，力をつけたい，変わりたいと欲して初めて成長を遂げるのではないでしょうか。

身体に染みついた相手の「身」になって考える癖

　親子ムーブメント教室の体験が今の自分の生活や仕事に与えた影響として，「相手の身になって考える」ことが無理なくできる点を挙げている者が複数おり，これも興味深い点でした。

　例えば，子育て中の者は，自分の子どもが何をしたいのか，今求めているものは何かについて，環境との関係性から子どもの目線になって状況を見取る余裕があると自己分析していました。そして，必要があれば環境をアレンジする

が，極力，子どもに禁止したり，押しつけたりすることはしないという方針に共通点がありました。時に，そのような自身のスタンスについて「放任すぎる」と指摘されることもあり，配偶者や周囲の親たちとの受けとめ方の違いから，その特性をより自覚するようになったと話してくれました。

　また，福祉，教育や保育の現場で働く者たちも，対象とのかかわりにおいて大切にしている点として，「相手の主体性を見極める」，「一般論や枠を押しつけない」，「その人が求めていることを本当に解っているのか…，解った気になってはいないかと，常に自分を疑うようにしている」等の回答がありました。そして，彼ら自身が，子育てにおいても仕事においても，このような考え方は，学生時代の本活動の中で培われたものではないかとふりかえりながら評価している点も共通していました。

　確かに，このような思考は，「環境との相互作用関係」を基盤とし，個々の「身体」を軸にした「主体性」を重視する「ムーブメント教育」の理論に起因するかもしれません。ムーブメント教室では，様々な遊具や音楽や集団活動等の環境を取りこみ，空間の特徴を有効に活用して，子どもが自ら「動きたい」，「触りたい」，「かかわりたい」と思う環境をアレンジし，環境との対話の中で自然な動きの拡大を図ります。すなわち，集団活動でありながらも，一斉かつ強制的に行う訓練的な方法ではなく，緩やかな遊び活動の場に包まれ，様々な違いのある「個」が当たり前に「共に居る」という前提から始まっています。学生たちが直接にかかわった子どもの中には，集団活動への参加に困難を示すタイプの子どももいましたが，決して強制することなく，各々の好きなことや得意なことを活かした参加のあり方を肯定的に受けとめてきました。ムーブメント教育は，従来の能力開発を目的とした対処療法的な訓練法（支援法）と比較すると，「個人への介入ではなく，環境をデザインし関係性をアレンジする」という理論が根底にあります。彼らは，その理論をもとに，遊具の使い方や役割の演じ方等，環境側をアレンジすることで，様々な個が「共に居る」ことを保障する術を体験的に学んできたのだと言えるでしょう。F氏は，「起きている反応や結果に対して，どのような背景があるのか，それが良いのか悪いのかは，見方によって違う。決めつけずに見つめること，新しい価値を発見して提示することで，周りを変えていけることを学んだ」と述べています。

　さらに，卒業生たちは，本活動を「伸縮可能な弾性をもった余白のあるゆるやかな空間」であり，「様々な人々がその場に安心して自分の身体をあずけ，自分の枠をゆるめ，他者を感じる時間」であったとふりかえっていました。し

なやかな関係性の中で共時的な相互接触が多発し，参加者は互いにさらされる中で「ゆらぎ」を許容し，他者との「あいだ」の質感を身体のどこかで感じ取っていたのだと思われます。身体同士で関係が構築されている共同体は，多様な自己と他者が互いに受容的で共感的な身体性をもっています。異なる他者と共鳴，共振すると，時空間を共有する身体同士はまるで溶け合うような一体感を得るのです。彼らは，そのような活動において，身体たちが響き合い，溶け合うような体験の中で，同時に，自分だけにしかない特異性（かけがえのなさ）を喜びをもって認め合う関係性を目の当たりにしていたのかもしれません。様々な個が「共に居る」有り様から，「個々の身体はそれぞれ違うのだから，個々の身体の絶対性，個別性を受け入れ，その身体が欲することをそのままに信じることが大事」（小林・大橋，2010a）であるという思考を体験的に共有していたのかもしれません。そして，自身も，身体を媒介にした相互作用，表現を共有し交流し合う挑戦を繰り返しながら，その営みの中で，自身と他者の個別性や絶対性に気づき，さらにその違いを受容しながら，全身でつながることの貴重さを体感していたのではないでしょうか。

　卒業生たちは，一人ひとりの身体が違う以上，環境の対話によって各々に受けとめる世界は個別なものであるという大前提の上で，それでも，相手の「身」になって考えようとする姿勢を備えており，そのような思考が既に「癖」のように沁みついているところに共通性がありました。これは，彼らが本活動に身をおき，体得した「倫理」のようなものではないかと感じています。すなわち，傍らに居る人たちと共に遊びの場をつくり，共に生きるためのことわりであり，集団を形成するための人としてあるべきふるまいなのではないでしょうか。この視点については，コロナ禍を経て，接触の機会が奪われ身体的なかかわりが減少してしまった今，あらためて注目したいと考えています。卒業生の声をもとに，異なる者同士が身体で交わり遊ぶ活動の意義と課題について問い続けていきたいと思います。

市民の育成は時空間を超えて

　未就学児の子育て中の者は，特に本活動について「親になってみて，贅沢な場であったとあらためて気づいている」と述べていました。コロナ禍で，未就学児の行き場がないことを痛感し，「どの世代も大変だけど，子どもたちの1年の重さを考えると切なくなる。後輩たちもこの問題を考えてくれていると知ってありがたい」と語るD氏の切実なことばには，自分の子どもだけではなく

全ての子どもたちへの想いが含まれていました。さらに，コロナ禍に，近所の親たちを誘って子どもたちの楽しい時間をつくろうと挑んできたA氏の話や，ダンス指導を通して子どもの育成事業に携わってきたG氏が，感染対策を重視しつつも人々の交流を大切にした活動を絶やさぬように奮闘している話には，困難な状況においてもとにかく前向きに工夫して楽しもうとする精神が溢れていました。一方，I氏は，自分には子どもはいないし，子どもに直接かかわる仕事に携わってもいないけれど，それでも，コロナ禍で，子どもたちの遊び場はどうなっているのだろうかとよく考えていると話してくれました。飲食業で生計を立てながらもNPOの活動に携わるH氏も，現代社会の課題に自分のできるところから挑み続けたいという考えを示しました。

　このような報告から，学生時代に本活動から得た経験が，彼らの主体的な行動力を支え，公共性のある未来志向型の思考につながったのではないかと考えられます。E氏は，「大学内だけでなく地域に出てその場所に暮らしている人たちを大切に思うことを学んだ」とふりかえっています。同様の気づきは多く見られ，彼らは，学生時代に，生活圏内にある場所で，自身の日常の延長線上で実施する遊び活動に継続的にかかわった経験により，地域というコミュニティーの有り様や日々の営みが社会づくりにつながっているという実感を抱いていたのではないでしょうか。Rogoff (2003) は，「人間は，自らの属するコミュニティーの社会文化的活動への参加のしかたの変容を通して発達」し，「そのコミュニティーもまた変化する」と論じています。「異なる者同士が共に遊ぶ」場を担った経験が，「自分たちが生きる場は自分たちでつくる」という意識につながり，成熟した「市民」として，社会の課題に目を向け，解決のために自ら行動し，地域社会の構築に参画，協働する原動力となるのではないでしょうか。

　また，卒業生たちは，現実社会の厳しさを知った今，当時の施設スタッフや地域の大人たちの寛容さに気づき，「私たちの『やりたいこと』の話を真剣に聞いてくれた（B氏）」，「『なんでもない私たち』を受け入れて任せてくれた（G氏）」ことに，あらためて感謝していました。さらに，「学生の頃は，自分たちがやったんだという気持ちだったけれど，実績も保証もない学生たちの活動が展開できたのは，それ以前から大学と地域の連携があったからだと，今は解る（A氏）」，「当時の私には日常の一場面でしたが，今思えば，とても貴重で代え難いものであったと思います（C氏）」，「多様な命の輝く時間を一緒につくってくれて，本当にありがとうございました（F氏）」と贅沢な遊びに興じることができたことの幸福を確かめていました。もしかしたら，あと数年も経てば，

彼らの前に，未熟で経験もないのに夢を語る若者が現れるかもしれないけれども，そのような時が来れば，彼らはきっと，自分たちがしてもらったように，次の世代の若者たちを受け入れ，話を聴き，手を貸し，共に場をつくるだろうと感じました。

　さらに，当時一緒に遊んだ子どもたちのことを想い，「あの時の経験が，それぞれの人生の中で，他者に対する信頼感につながっていたらいいなと願う（C氏）」，「あの子たちがもうすぐ大学生になるくらいだろうから，自分たちみたいに，どこかで同じようなことやってくれたらいいな（A氏）」等のコメントがあったのも興味深く感じました。この発言を聞いて，私はある事実に関連した新たな気づきを得ました。それは，コロナ禍の活動に参加した2021年度の学生たちのことです。残念ながら，学生たちの自主的な活動としてはムーブメント教室の継続が難しくなってしまった現状で，私が担当する授業を通して本活動への参加を呼びかけたところ，数名の学生が集いました。本調査の卒業生たちのように，憧れの先輩が目の前に居たわけでもないし，学生同士で活動に巻きこまれたわけでもありません。コロナ禍で様々な制限がかかることも予想される状況で，過去の活動紹介を受けて，参加意思を表明したのです。そんな学生たちと，授業の中での意見交換を重ねる中で，本活動に興味を抱いた理由に共通点があることが解りました。それぞれに，幼少期に本活動に似たような取り組みに参加した経験があり，年上の「お兄さん・お姉さん」に遊んでもらって楽しかった記憶があるというのです。つまり，彼らにとって，幼い時に体験して楽しかった遊びの場の記憶が，同様の活動の担い手になりたいという動機づけの一つになっている可能性が高いということです。私は，A氏が願っているような，地域の遊びの場の担い手を生み出す好循環の事例が，既に目の前にあったことに気づいて嬉しく感じました。

　このような時空を超えたつながりを考えると，過去の学生たちが名づけた「遊び種～たんぽぽ～」という団体名のセンスに，あらためて感服してしまいます。どこかの地域で他の誰かが咲かせた遊びの花の種が，ここに届いて芽吹くこともあるし，ここで咲かせた花の種も飛んで行って，いつかどこかで花を咲かせるかもしれません。教育というものは，「差し出したものとは別のかたちのものが，別の時間に，別のところでもどってくる」システムです（内田，2008）。教育する主体は共同体全体であり，教育の受益者も共同体全体であると考えると，次世代教育，市民教育という意味では，特に，このような時空間を超えたスパンで，すぐには結果が出ることではない「いつか，どこかで，きっ

と…」のつながりを信じて取り組む胆力が求められるのではないだろうかと考えています。

遊びの中で「結果として」育つ
―シチズンシップ教育の視点から考える遊びの場づくりの可能性―

　次世代育成としての本活動の意義に迫るため，一例として，児童養護施設に勤務しているB氏の発言に注目してみます。B氏は，本活動の立ち上げにかかわった初期メンバーの一人で，自分にとって，本活動は「子どもの成長に大切なのは『親子だけではない』と知ることができた場」であるとふりかえっています。そして，現在の仕事を「天職」だと思うし，本活動に参加していなかったら選んでなかっただろうと述べています。大学教育の重要な目的として，「共同体の次世代を担いうる成熟した市民の育成」という点からB氏のことばをとらえれば，本活動による体験が児童福祉を担う人材育成に寄与したと解釈することもできます。しかし，本活動をつくり出し，場を担ったのは，B氏を含む学生たち自身であり，本活動は，児童福祉を担う人材育成を目指して用意された教育訓練的な実習の場ではないのです。確かに，ここまでの考察から，豊かな遊びの場である本活動には，学生たち一人ひとりが潜在的可能性をゆっくりと開花できる仕組みが備わっていたと考えられます。しかし，本来，子どもが遊ぶ姿を観察すれば解るように，私たちは遊びたいから遊ぶのであって，「○○のために遊ぶ」のではないのです。自分のしたいように楽しんで，夢中になって遊んでいるうちに，「結果として」いろいろなことを体得するのです。遊びによる教育支援は，遊びのもたらす結果と目的の関係を取り違え，成果を求めて参加者の主体性を軽視した途端に，その本質を損なう矛盾や危険性を孕んでいると考えられます。すなわち，遊びのもつ教育的発達的意義ゆえに，無理矢理に「させられる場」，「極めて戦闘的で目的指向型の場」（春原，2010）になってしまったならば，それはもはや遊びではなくなるのです。これは，私自身が，子どもの発達支援において遊び活動を展開する際に，肝に銘じてきたことでもありますが，大学生の人材育成がしきりに論じられている今，同様に重視すべきであると思うのです。

　あらためて，本活動が「地域支援」，「子育て支援」，「学生ボランティア活動」，「地域連携による現場学習」等の側面から評価を得ながらも，子どもにとっても大人にとっても学生たちにとっても，「本質的に遊びである」という軸を崩さずに継続してきたことが，最も特筆すべき点なのではないかと考えています。

思い返してみると，ちょうど，学生たちが地域子育て支援の遊び活動を主体的に担う展開が始まった2010年，私は，日本の高等教育機関におけるシチズンシップ教育について調査していた政治学者キャサリン・テグマイヤー・パクさん（米国セントオラフ大学准教授，当時）から取材を受けました。パクさんの質問を受けながら，私と学生たちの取り組みがシチズンシップ教育であると教えられ，また米国の大学で市民参加教育として様々な試みがなされているという教示を受けました。社会の一員として自立し，社会に積極的にかかわろうとする態度を身につける，民主主義社会を支えるべく社会参加する市民を養成しているのだと言われれば，確かにシチズンシップ教育なのだろうとも思いましたが，学生たちと共に，目の前で展開する楽しい遊びの場づくりに夢中だった私は，それ以上に想いを巡らすことができませんでした。

　そして，今，卒業生の調査を終えて，パクさんのことばを思い出しながら，なるほどと感じています。と，同時に，あらためて私が肝に銘じていることは，「結果として」立派に成熟した市民に育ち，ウェルビーイングを実現している卒業生たちの，その頼もしい姿に惑わされて，本活動の教育的価値や成果を掲げ，無理やりに形づくるようなお節介なことをしてはいけない，力の注ぎ方を間違えてはいけない…ということです。「遊びは遊びのままに」あることを祈り，共に遊ぶ主体としてありながら，その意義を唱えていきたいと思います。

CHAPTER

8

第　章

創造的な
表現遊びの場を
共につくる

ウェルビーイングな未来をつくる
縮図的体験として

8-① 共に遊び，表現し，つくる喜び

ウェルビーイングと創造性と多様性

　「はじめに」でも少しお伝えしましたが，私は大学ではダンス教育を専門に学びました。障がい児を対象としたダンスの活用に興味をもち，研究を重ねるうちに，ムーブメント教育に出逢いました。ムーブメント教育の研究実践に着手した頃は，既に大学でダンス実技の授業も担当していましたし，学生たちの舞台発表の指導もしていましたので，「あなたの専門はどちらですか？」とか「本当はどっちがやりたいのですか？」とたずねられることがよくありました。それは，専門分化主義的な研究職の世界では，ダンスなら体育，スポーツ，舞台芸術の領域に，ムーブメント教育のような発達支援は，障がい児支援や特別支援教育の領域にあるからです。そんな質問をされるたびに，曖昧な返事で誤魔化しながら，一人前の大学研究者になるには，この先どちらかに絞ってどちらかを捨てなければならないのだろうか…と漠然とした恐れを抱いていました。

　しかし，遊ぶこと，表現することに貪欲な学生たちと共に活動しているうちに，彼らが，そんな私の迷いを拭い去ってくれました。ダンスや舞台が好き，ムーブメントが好き，面白いことを企てるのが好き…と，色々な学生たちが楽しそうだからと集まってきて一緒に参画するうちに，私たちのムーブメント活動はどんどん創造性豊かに発展しました。また一方で，舞台活動においても多様性が増して，どちらかを捨てるどころか，交じり合って楽しい活動が増え発展していきました。

　前野・前野（2022）によれは，ウェルビーイング（幸せ）と創造性と多様性の三者にはゴールデントライアングルのような関係性があるのだそうです。企業経営の分野では，幸せな職場をつくりたければ多様性の高い職場にすべきであり，多様で幸せな職場は創造性が高くなり，同時に，幸せで創造性の高い職場は多様性が高いという考え方が普及し始めています。ウェルビーイングの視点で，これまでの実践をふりかえってみて，この創造性と多様性の関係が，私を支えてきたのだと気づきました。

　また，ムーブメント教育研究の先駆者であるフロスティッグは，他の研究者の業績，発見を自分の研究の参考にすることを恥とせず，子どもたちの支援の

ために良いと思うことはどんどん取り入れ，積極的に「折衷主義」を貫いたと言われています。尊敬するフロスティッグの精神に習い，そして，学生たちの姿に励まされ，私は，ダンスや身体表現の要素をムーブメント教育に取り入れ，また，フロスティッグの創造的ムーブメント（クリエイティブ・ムーブメント）の理論を基盤にパフォーマンスや舞台づくりの実践を展開してきました。ここでは，その実践の過程や根底にある理論についてお伝えしていきます。

変身できる遊具が引き出す即興劇

　ムーブメント遊具に「コクーン」という面白い遊具があります。大きく伸び縮みする袋状の遊具で，その袋の中に人が入ると，まるで繭のように見えます。そして，繭の中に入っている人が手足を伸ばしたり縮めたりして自由に身体の形を変えていくと，とてもユニークで不思議な動きが見えてきます。このコクーンは，子どもたちの活動では，創造性や空間意識を刺激するのに有効な遊具なのですが，学生たちにとっても，特に，子どもたちと遊ぶ不思議な生き物に「変身」できるお役立ちツールとなっていました。コクーンに入ると，学生一人ひとりが自然と独特のキャラクターに化けてしまうのです。空想上の怪獣になったり，滑稽なピエロ役を演じたりして，子どもたちと積極的に面白く楽しくかかわるようになりました。

　私たちの基本的な活動では，子どもたちを迎え入れて，最初の15〜30分は「フリームーブメント」という時間を取っています。自由に好きな遊具で遊ぶ時間です。ここでコクーンに入って待っていた学生と子どもたちの即興的なかかわりが始まります。追いかけっこや戦いのシーンが繰り広げられた後，仲直りの握手があったり，横たわっているコクー

ファンタジー遊具コクーン

ンに恐る恐る子どもが近づいて突いてみるとコクーンがヘンな鳴き声を出したり…と、コクーンを中心に他の学生たちと子どもたちとのやりとりが始まり、即興劇のような展開を生んでいきました。

自らを環境として演出し表現する学生たち

　学生たちは、自分たちの存在が場に影響し、子どもたちの活動に作用することを実感するようになると、少しずつ自分たち自身を演出し始めるようになりました。例えば、小さなことですが、教室の日は、服装にもこだわりを見せ、その日のテーマにそったコーディネートをするようになりました。また、プログラム案の大まかな手順を共有するために実践していた事前ミーティングでは、いつのまにか、細かい役割分担や動きの流れ、タイミングまで実際に実践しながら確認するようになりました。子どもたちとのやりとりを想定した上で、お互いに意見を出し合いその場でより良い案に変更して詳細を練り上げている様子は、まるで舞台の立ち稽古やリハーサルのようでした。

　そして、その準備の真剣な様子とは逆に、教室の活動時には、子どものように無邪気に楽しんでいる姿も印象的でした。ムーブメント教室の準備・実施の取り組みそのものが、彼ら自身にとっても、「からだもあたまもこころも」参加させて楽しむ創造的な体験となっていたようです。ドラマ性やファンタジーを重視したムーブメントプログラムにおいては、子どもも大人も様々な経験をすることができます。協力して創造する経験、五感や想像力を働かせる体験、役柄を演じることで「異なる生」を生き自己理解を深める経験を通して、自己を表現するのです。学生たちは、子どもたちとの実践を通して、新しい自分を試し、違った視点から物事を体験する機会を得て楽しんでいたのかもしれません。

フロスティッグ理論における創造的ムーブメント

（1）創造性の重要性

　フロスティッグは、ムーブメント教育・療法の究極の目標である「健康と幸福感の達成」に欠かせない要素に、「運動」と「創造性」を挙げています。子どもの情緒的な健康は、創造的な運動を行うときの子どもの喜びや夢中で取り組む気持ちによって高められると説きました。そして、この視点は、身体技能の高度な発達を促すことと同様に、またはそれ以上に重要であると述べています。

　フロスティッグは、「創造的活動から得られた経験は、個人が自分自身の感情を知ることを助け、内的満足と達成感を与え、人生に新しい意味を与える」

と述べ，子どもが自分のイメージや考えに基づいて計画や行為を実施することを創造的行為としてとらえていました。さらに，創造性と「没頭」の関係性について指摘した上で，創造的な人は，自分の考えや創造に没頭し，自分自身の人生と他人の人生の両方に愛情を感じ，「活動したい」という強い欲求をもつと論じています。そして，逆に，創造性の欠如は生活を空疎にすると加え，教育に創造的要素を導入することの重要性について論じていました。

　子どもが創造的活動に参加するのを援助することこそ，教育者の役割であると述べ，柔軟な態度で，子どもたちとの間に有益な相互作用を生み出すよう期待しました。その具体的な方法として，「一方的な指示にそのまま従うやり方ではなく，子どもたちが問題解決をステップ・バイ・ステップで進め」，「問題解決において教師に依存する段階から，子どもたちが自ら解決策の探索に責任がとれるように」促すことが重要であると論じました。

（2）創造的ムーブメントの目的

　フロスティッグは，創造的ムーブメントについて，「子どもたちが運動課題の独特な解き方を見出したり，自己表現したり，自由な運動の流れを生み出したりする活動を含んでいる」と考え，創造的ムーブメントは，「イメージをふくらませることを通じて意識，知覚，記憶，感情，思考，行動のレベルのあらゆる能力を統合するものであると考えられており，それは，各ムーブメントスキルの応用であり，目的でもある」と唱えました。

　また，創造的ムーブメントは，子どもの自然な動きに基づいており，運動技能を向上させ，自己表現の手段として身体を自由に使うことができるように，子どもには十分すぎるほどの活動の機会が与えられるべきであると述べています。そして，創造的ムーブメントは身体意識を促進する上で有効であると唱えています。

　その上で，創造的ムーブメントにおいては，教師の役割は，命令することよりも子どもを助けたり，刺激したりすることであると指摘しています。

（3）効果的なムーブメントプログラムとしてのあり方

　フロスティッグは，効果的なムーブメントプログラムには，構造化された運動課題と創造性の両方が必要であると論じました。「効果的なムーブメント教育のプログラムは，全ての筋肉と全ての運動の属性を含んでいる構造化された運動を提供しなければならない」，しかし，「構造化されあらかじめ決められた運動だけでは，子どもの創造性を窒息させやすく，子どもから喜びを奪い，感情と社会的意識の教育を無視することにつながる」と主張しています。しかし

同時に，運動の属性に関する取り組みを除外して創造的ムーブメントを強調することを禁じています。

さらに，ムーブメント教育のそれぞれの過程は，「創造的ムーブメントに焦点を合わせた部分を含め，構造化されている必要があるが，厳しく統制されるべきではない」と加えている点も興味深いところです。創造的ムーブメントにおいては，プログラムが進行するにつれて，子どもが，動作を型に結びつけ，一つの動作から知らず知らずの間に次の段階の動作へと流れていくような構造化されたプログラムとの両立が必要ですが，それは，一方的な命令で全てを統率されて動くような組織化されたプログラムとは異なります。このことは，フロスティッグのムーブメント教育は，「『運動による連合』と『運動の連合』の発達を併せてはかっている」という論にも通じる考え方だと言えます。

創造的ムーブメント ―「健康と幸福感の達成」への意欲―

今日の避けられない様々な変化にも対応でき，持続可能な社会のつくり手，担い手として成長することを期待される子どもたちは，地球規模の諸課題を自らに関係する問題として主体的にとらえ，その解決に向け自分で考え，行動する力を身につけることが期待されています。そのための教育においては，好奇心をもって挑戦したり，没頭したりする対象と出会うことが必要であり，さらに，それらから気づきを得て，自ら選び，行動し，探求して，新たな価値観をつくるといった主体的で創造的な体験が重要になるでしょう。

創造性は，自己実現の達成を促し，健全な人格を育むことと直結していると考えられています。ムーブメント教育において育成される「創造性」は，単に創造的思考のレベルで論じられるものだけでなく，全人格的なレベルまでを見通したもので，意欲的に活動する中で育まれる「自己実現の創造性」と言うことができるでしょう。つまり，ムーブメント教育では，楽しい運動遊び環境において，子どもは，自分で感じ，イメージして，つくり，全身で生き生きと表現する喜びを積み重ねることで，生活の仕方や生き方を主体的に選び決定し，未来を自ら創造していく力を育むことを目指しています。一人ひとりの「健康と幸福感の達成」に向けた前向きな意欲を養うために欠かせない要素が「運動」と「創造性」であり，すなわち，「創造的ムーブメント」の活動なのです。

創造的な場を共につくること

このようなフロスティッグの理論から，ムーブメント教育において「健康と

幸福感の達成」を目指すにあたり，一人ひとりが自由に動き自由に表現することのできる「身体」とそのための「環境（場）」が必要であると考えることができます。

　創造的ムーブメントを活用すると，遊びの場は自然にインクルーシブな場に発展していきます。それは，創造的ムーブメントには，選択肢を広げる環境があり，自己選択，自己決定，自己表現のためのモデリングとなる活動が備わっているからです。また，決まりきった答えを要求するのではなく，一人ひとりの豊富なイメージを大切にするために，答えが一つではない活動を準備して，「他にはどんなふうにできるかな？」「別のやり方はあるかな？」等と問いかけられる場面を大事にします。「イメージを膨らませる」ためのことばがけや環境設定の工夫も豊富ですが，ファンタジックな世界は多様な子どもたちを包みこみます。遊具や様々な「モノ」，音楽とのかかわりを深めたり，他者の身体や動きを意識したりする活動も大事にされますが，このような取り組みは，そのかかわり方，関係性が多様であることを体験的に学ぶことにつながります。

　つまり，創造的ムーブメントの活動は，一人ひとりを受容し，その個性を尊重し合い，互いに「居る」ことを認め合うことができる「場」となり，動きの中で自己を表現する喜びや他者とかかわる喜びを育みます。そのような経験は，一人ひとりのウェルビーイングを支え，その上で，「場」に対する感謝や「場」の一部である自分への新たな気づきを生むのです。同時に，一人ひとりの動きや表現が場に活力を与え，創造的ムーブメントの「場」を共につくることにつながり，好循環が生まれていきます。

　清水（2003）が，共創と場の関係を「即興劇」に例えたように，ムーブメント教育の実践で生まれる創造的な展開は，「複数の人たちによる自律的で統合的な創作活動」であり，プログラムの流れは，参加者と場の整合的な状態をつくり出すと考えることができます。すなわち，今を感じながら，遊ぶ人々によって，すぐ先の未来をつくる「リアルタイムの創出」が行われていくのです。それらは，参加者が創造的な遊びの場において，互いにかかわりながら自分たちのための場を創る営みと考えることができるでしょう。

　ウェルビーイングは誰かに与えられるものではなく，自身で気づき行動することによって築き上げて得るものだと考えると，そのための「場」が必要です。ムーブメント教育の場は，個々の健康と幸福感の達成のための新たな場を共につくり出す営みであり，共創によって生じた，より受容的で活力ある場が新たな個を包みこみ，「発達の可能性」が生じるという漸次的で循環的な展開を有

しているのです。

「居る（being）」を受容する場

ムーブメントの活動に参加し始めたばかりの頃に，「うちの子は，今日は集団活動に一つも参加できなかったのですが，このまま続ける意味はあるのでしょうか…」と不安な気持ちを相談される母親もいます。そんなとき，私たちは「集団ムーブメントの場に居るだけで意味があります」と答えます。様々な理由から，集団活動への参加に困難を示す子どもがいますが，第4章でも論じた通り，ムーブメント教育では，決して強制することなく，まずは，ただその場に居ること，「共に居る」ことを基盤とした集団性を大切にしてきました。

子どもにとって，ムーブメントの遊びの場が，教育，保育，療育等の「育ち」の場であると同時に，またはそれ以前に「居場所」としての機能を果たすことが不可欠です。様々な違いのある子どもたちが，ムーブメント活動の場に対して，自分を受け入れてくれる場であり，安心して無理をしないでそこに居ることができると感じることが重要です。

集団活動の始まりには，「フリームーブメント」の時間を設けることが推奨されていますが，まさに，自由な在り方で共に居ることだけを基盤とした空間であり，そこに受容的な居場所が立ち上がるのです。そして，その中で，各々のストレングス（得意なこと，興味関心のあること）を活かした無理のない参加のあり方を肯定的に受けとめてきました。

親子ムーブメントに参加した保護者の感想には，「ここに来るといつものびのびと楽しそうでほっとする」，「子どもの主張をうまく活かして，遊びを展開してもらえて有り難かった」，「子どもの気持ちを大事に集団の活動に誘ってもらえて良かった」等，「我が子を受容する場への感謝」の声が多く寄せられています。また，子どものことだけでなく，親やスタッフも含めた大人自身が「ほっとした」，「すっきりした」，「穏やかな気持ちになった」等，自身の心身の解放について述べる声も多く，遊具や音楽を活用したファンタジックな展開が，大人にとっても安心して「身を置く」ことができる環境となっていることが分かります。

ムーブメント教育による遊びの場においては，参加のあり方，関係性の取り方は様々であるべきで，それらが受容され尊重される場であることが重視されています。様々な「個」は，ありのままにそこに「居る」ことを肯定され，「居る」だけで場を共有し，同時に場を共につくっているという考え方がその根底にあ

ります。well-beingのbeingは「居る」という存在の意味であり，子どもたちが，何かができるようになる前から，能力の差にかかわらず，まずそこに居ること，そのこと自体に価値があるという考え方に通じます。多様な人たちが「共に居る」姿は，「共に生きる」力の原点であり，多様性を受容する遊びの場は，ウェルビーイングが実現された世界の縮図を体験できる空間ととらえることができるでしょう。

「共に居る」機会を増やす遊具の活用

　ムーブメント教育における遊具活用案の豊富さは，突き詰めれば，多様な人たちがありのままに受容され，そこに「居る」ことから無理なく，共に遊ぶ活動を実現するために積み重ねてきた実践の産物であると言えるでしょう。

　様々な刺激に過敏に反応してしまう子どもや，予測できない出来事に対して不安になってしまう傾向のある子どもは，集団活動に参加できないことがあります。そうした子どもたちには，まずは，受容的で安心感のある環境を用意し，

遊具が促す「共に居る」活動

ただその場に「共に居る」状態を参加の第一段階としてとらえてみることが大切です。集団が苦手な子どもを無理やりに参加させるのではなく，子ども自らかかわりたくなる環境として活動を展開することが必要です。例えば，接触過敏の特性をもつ子どもには，手をつなぐ等の行動を無理に強要しないことが肝要です。他者と直接触れなくとも，輪にしたロープやパラシュートを持つことで他者とつながることはできるのです。また，スカーフの下にもぐる，フープの中に入る等，遊具によってできた空間を共有することで，他者と「共に居る」ことを実現することができるでしょう。

豊富な共有体験や模倣から生まれる共同性

　ムーブメント教育による集団遊びの活動が，身体運動を軸とした豊富な「共有体験」を提供している点に注目してみます。ムーブメント教育では，集団において身体感覚を「共に」することを原点に，様々な「共有体験」が生まれています。例えば，先ほど説明したように，遊具を活用した様々な展開においては，「遊具や空間の共有」が見られます。また，他者と同じリズムやスピード，タイミングで動いていて同調している様子，真似っこ遊び，ダンスムーブメントの活動には「リズムや動きの共有」があります。他者とのかかわりの中で，物をやりとりする，役割を交替する，合図を出して理解する，問いかけに応える等，基本的なコミュニケーションが成立している場面には「意思の共有」があります。さらに，創造的ムーブメントのプログラムでは，季節や絵本等子どもから大人までが共有しやすいテーマを設定することが多くありますが，これによって，単なる物理的な空間に留まらず，「ストーリーやイメージ，目的の共有」が可能になります。そして，活動全体を通して，「場や経験の共有」が実現するのです。すなわち，ムーブメント活動には，他者と共に居ること，共に動くことを原点とする「共有体験」が豊富に内在していて，さらに，参加者が協力したり担い合ったりすることで，共同体としての達成感や喜びを得る仕組みが含まれていると考えられます。

　また，動きの模倣は，ダンスムーブメントの基本であり，私の実践においては中心的な課題となります。模倣は，共感と相手の意図を読み取る心の発達の基礎でもあります。そして，単に振付けやポーズを「模倣させる」ことだけでなく，「模倣される」体験も重要と考えています。それは，他者からの受容や投げかけの認識となり，他者へのかかわりにおける自発性や社会的相互作用の増幅につながります。「相互に作用する」体験を通して，子どもたちは，かか

「模倣」を楽しむ

わりたいという意欲を高めます。さらに，役割を交替して行う展開にも，進化した模倣の形態があります。このような活動の体験は，自己意識と他者意識の発達と深く関係し，所属意識・仲間意識の土台となるのです。

余白を想像する楽しみ

　共につくることを目指したムーブメントプログラムにおいては，ドラマ性やストーリー性を活用したファンタジックな展開が効果的です。子どもたちは，他の参加者と自然にかかわり合い，共通の目的のために補い合ったり，お互いの表現を認め合ったりする体験を積みます。プログラム全体の大枠はリーダーが準備するものの，子どもが自ら選んだもの，参加者同士のかかわりの中で生じた展開が場を創出し，その場で，一人ひとりに適した役割や課題が即興的に生まれる面白さがあります。

　このような共につくる営みを可能にするためには，共につくるための「余白」や「余地」を予め残しておくという考え方が大切です。リーダーは，ファンタジックな効果をねらって遊具作成や環境設営に夢中になるあまり，プログラム全体の目的や個別の対応を目指した柔軟性を見失わないように注意しなければなりません。どんなに立派な造形物や複雑な装置であっても，それらが参加者の創造性を受け入れる余地のない画一的な活動のために用意されたものならば効果的とは言えず，素朴なものでも変容性や応用性のあるもののほうがより充実した展開を生むでしょう。例えば，アニメのキャラクターをそっくりコピーした着ぐるみや衣裳が何十着も揃えてあるよりも，ムーブメントスカーフで見立て遊びや変身ごっこを展開したほうが，子どもたちは想像力を働かせ，創造的な活動に発展するでしょう。参加者の働きかけに呼応し，場が生き物のように変化するようなイメージが大切です。そして，場から刺激され，触発された

行動がさらに場を変え，その結果，豊かな相互関係が生まれることが大切です。子どもも大人も様々な個性がかかわりながら余白にあるものを互いに想像して伝え合い，共有することで，共に場をつくり上げていくことが大事で，それは，余白があるからこそできることなのです。

8-② 共生・共創を目指した舞台づくりとウェルビーイング

発表会は，もっと楽しくできるはず！

「心音プロジェクト」は，ある保育者の嘆きから始まりました。ムーブメント教育の研修に参加していた保育者が，私のところに来て質問や感想を伝えてくれていたのですが，その際，最近劇遊びの発表会に向けて熱を入れて取り組んでいたら，子どもたちに，「先生，劇遊びが終わったら，『本当の遊び』してもいい？」って聞かれてしまって，自身の保育をふりかえり反省しましたと話してくれました。さらに，「発表会が終わったら，子どもたちともムーブメントで思いきり遊びたいと思います」と言って帰られました。

保育所や幼稚園では，生活発表会等と称される，劇遊び，ダンス，合奏，合唱等の発表の場が行事の一つとして設定されることが多く，本来は，子どもの感性や表現力，創造性を育むための日々の遊び体験を基盤とする取り組みとされています。しかし，日々の集大成という意味づけで実施される傾向が強く，保育者にとっては，園や保護者の期待に応えるべく「出来映え」を意識しすぎることで，過度なプレッシャーになる場合があること，また，完成度を高めるための「練習」の色が濃くなると，子どもの自由な表現や主体性を尊重する余裕がなくなってしまうこと等が，指摘されています。また，私たちのムーブメント教室に参加している保護者からは，子どもが運動会や発表会の前に学校に行きたがらなくなると相談を受けることもありました。「ムーブメント教室ではみんなとダンスできるけど，運動会のダンスは散々だった」と悲しい報告に，「ダンスは，もっと楽しくできるのに…」と心を痛めていました。劇遊びだって，ダンスだって，身体表現の遊びはもっと楽しく発表できるはず…，そんな問いがこのプロジェクトの始まりです。

舞台で表現することを楽しんできた学生たち，卒業生たちと相談して，「遊んでつくる，舞台でも遊ぶ」をテーマに，インクルーシブな舞台づくりに挑むことになりました。

遊んでつくる，舞台でも遊ぶ，「心音プロジェクト」

　「心音（こころね）プロジェクト」は，2016−2017年度和光大学地域連携研究センター主催の社会連携研究プロジェクト「共生・共創をめざした創造的身体表現遊びの実践—地域と大学の連携による子育て支援・障がい児支援の取り組みを土台に—」の通称です。和光大学の学生・卒業生と地域の子どもたちや大人たちが，ダンスやアート，太鼓等の表現遊びのワークショップを楽しみ，それらを活かして舞台発表という新しい「場」を生み出すことを目的として実施されました。舞台活動という課題を通して，地域と大学の連携により実現する創造的な身体表現遊びの場が，いかに「共に生きる場を共につくる」体験を促進することができるのか，また，その場の体験が，一人ひとりの変容にどのように関係するのかについて検討することをねらって活動が開始されました。

「心音プロジェクト2016」舞台発表の様子

予備的実践研究として，2016年2月に地域住民を対象とした連続4回のワークショップを実施しました。その後，2016年4月から7月は，週1回のペースで会合をもち，これらのプレ企画の結果を受け，プロジェクトメンバーに卒業生講師（4名）と学生リーダー・スタッフ（20名）を加えて意見交換を重ね，実践内容の詳細（特にワークショップの形態，回数，参加人数等）について検討を続けました。企画内容の確定後，2016年9月，参加者募集の情報を大学HPやチラシで公開したところ，地域から，障害や年齢（0歳児を含む親子から60代女性まで），経験に様々な違いのある31名が集いました。次いで，2016年10月より6回連続で，「光」，「和太鼓」，「アート（ペイント）」，「音（楽器づくり）」，「チンドン」等をテーマにした身体表現遊びのワークショップ（基礎編）の活動を実施しました。さらに，基礎編の活動をもとに舞台発表に向けた応用編として3回の実践を行った後，舞台上演に挑戦し，地域住民23名が学生・卒業生と共に舞台上で生き生きと表現を繰り広げました（公演日：2017年3月16日，会場：相模原南市民ホール）。

　この心音プロジェクトの取り組みの特徴としては，舞台上演を最終的な目標としながらも，その実現のための手法として，極力，「練習」や「稽古」といった活動を避けたことにあります。リーダーは，一方的な場を用意して「させる」というやり方をとるのではなく，本来の遊びが発展していく「ゆとり」や「ゆらぎ」のある環境を提示し続けることを重視しました。ダンスの振付けや構成を覚えるために繰り返し修練するようなことはなく，あくまで「遊び」活動として積み上げてきた営みを土台に，即興的な表現を重視して，自然な形で各々が舞台上で表現できるように工夫を重ねました。

　そして，リーダーらは，上演作品においても，予め固めすぎずに臨み，参加者の遊ぶ様子や活動によって生まれたモノや動き，関係性を軸に作品を構想していきました。時間・空間の限定性の中で偶発的な相互作用が働く面白さを活かしたことで，参加者に無理な「練習」や「稽古」を強いることなく，作品としても見応えのある舞台を実現できました。

　「遊んでつくる，舞台でも遊ぶ」ことを目指した展開については，参加者の多くが「舞台本番までの過程を最後まで『楽しむ』ことができた」，「舞台上でも遊んだ」と感想を述べました。観客のアンケートにおいても，「出演者の遊び心溢れる偽りのない表現に心打たれた」等の好意的な感想が寄せられており，十分な手応えがありました。

発表したのは，共に遊ぶありのままの姿

（1）チンドン遊びから生まれた登場シーン

舞台作品の始まりは，客席の後方から楽器を鳴らしながら参加者が通路を歩きそのまま舞台に上がって，歌いながら飛び跳ねて，そして，舞台正面に1列に並んだところで，全員で大きな声で，「このね こころね いまここに うまれるけしきと ひびくこえ」と伝えました。

このシーンは，まず，「音遊び」の回で各自が作った太鼓やマラカス，鈴等の楽器を舞台本番でも用いています。また，プロのチンドン屋として活躍している卒業生がリーダーになって，チンドン遊びを楽しんだ回の活動をそのまま活用しています。チンドン屋さんは「宣伝」をするのが仕事だけれど，私たちは自分のことを紹介してみようということで，音を出しながらうねり歩いて，自分で考えた口上を披露して遊びました。最後にみんなで唱えたセリフもこのプロジェクト全体を紹介することばとしてみんなで考えたものです。

「心音」チンドン遊び

（2）スカーフとフープの遊びから生まれた「芽生え」のダンス

　スカーフやフープ等の遊具を使った遊びから始まったシーンでは，参加者の動きやかかわりからヒントを得て，草木が芽吹く「芽生え」のイメージが共有されました。そして，穴の空いた長い布のオリジナル遊具を制作し，それを活かして，さらに身体表現遊びを重ねていきました。舞台上では，布の端を持っている学生には音楽に合わせた一定の「段取り」がありましたが，それ以外の出演者は，舞台上でいつものようにただ遊ぶ様子をそのままに作品のシーンとして上演することができました。

「心音」芽生えのシーン

（3）揺れるビニールパラシュートの下でマイシルエットに出会う

　身体の縁取りをとる活動は，ムーブメント活動でもよく取り扱いますが，今回は，さらに応用して，透けるビニールの上に身体を縁取り，さらにその中をマーカーやセロファンで色づけました。そして，そのビニールでパラシュートを作って，舞台美術としました。学生たちがやさしく揺らすパラシュートの下に集まって，包まれるシーンです。じっとしている，ぎゅっと集まるが日常では苦手な子どももいましたが，穏やかに集まっていました。子どもたちは自分のシルエットを探したり指さしたりしていました。劇場の照明がとてもきれいだったようで，出演者が舞台上で「わ～」と声を上げ，観客にもその想いが伝わったようです。

「心音」ビニールパラシュートのシーン

（4）光と戯れる

　照明は劇場に備わる最も魅力的な環境の一つです。大学にも簡単な照明効果を楽しむことができる施設があり、「光で遊ぶ」回を実施しました。舞台本番のシーンは、照明担当者も出演者と遊ぶように即興で操作しました。前半は光と鬼ごっこするように光から逃げる、後半は反対に光の中に入るという単純なルールで、光と戯れている姿をそのままに表現しました。

「心音」光と遊ぶ

「光の中で全員の顔がお客さんから見えるといいね…」という目標は共有していましたが，あとは何も決めないままでした。それでも本番は，出演者たちは即興で様々な姿勢をとり，互いに関係しながら，群像としてのポーズを見事に実現しました。

(5) 太鼓の音を楽しむ・色の世界を表現する

「太鼓で遊ぶ」の回は，和太鼓に親しむことから始め，太鼓の音に合わせて動く，赤青黄の色のイメージでたたく，合わせてたたく等の活動を楽しみました。舞台上でも同様にその遊びを楽しみました。照明がついたところの人たちがたたく，照明で舞台上が色づいたら，赤青黄のイメージでたたくという単純な決まりだけで，シーンが実現しました。

「心音」太鼓で遊ぶ

(6) みんなで波になって，走る，跳ぶ

ラストのシーンは，和太鼓の音に合わせて，みんなで「走り出て跳び戻る」といった簡単な動きで波を表現しました。難しい振付けはなく，舞台上でもここまでに十分楽しんだ心がそのまま表れているように，大人も子どもも学

「心音」ラストの波のシーン

生たちも，全身で波になって動いていました。

創造的な表現活動による感動体験 ―文化芸術とウェルビーイングの関係―

　文化庁が公開した「文化に関する世論調査」（2022）では，文化芸術に触れることは，とりわけ人生の意義や社会とのつながりに関するウェルビーイング，すなわち「ユーダイモニア」と関連がある，と評価されています。また，文化芸術に触れることが，一部の人のみならず，様々な人々の生きがいやつながりと一定の関係があるということも示されました。そして，これまでは，文化芸術は一定の生活満足が得られた後に求められる「付加的」または「余剰的」なものだと考えられる傾向にありましたが，この調査の結果からみると，むしろ現在の日本社会においては，どのような人たちにおいても，文化芸術は感情を動かし，人生の意義を感じる上で，広く重要視されるものであり，多くの人の生活の中に取り入れられるべきものではないかと考えられます。

　文化芸術には「感動する」ことで私たちが互いの価値を共有していることを確認できるという要素が含まれ，そこから他者への信頼関係や安心の源が生じる可能性があります（内田，2021）。今後は，地域の中に，人との心のつながりを確認できるような感動を共有する体験が求められるでしょう。

　また，コロナ禍では，芸術・文化的活動への制限が長く続いたことで，あらためて人類が集い「遊戯する身体」として文化をつくってきたことの意義を唱える声が高まりました。遊びや祝祭による日常離脱，現実の一時的解体は，個人のウェルビーイングにも，集団や共同体のウェルビーイングにも，なくてはならぬ営みであったのです。私たちは，他者と共に在り，互いに生きた身体を受けとめ，協応的な活動を促し合い，共愉による連帯を生み出しながら，自他の境界を超えて様々な創造を繰り返してきたのです。新しい世界の創造には，異質なもの同士の出逢いが必須であり，互いの異質性（かけがえのなさ）は，身体的かかわりにおいてこそ実感されやすく，そこに生じる不協和音やきしみ，分からなさにこそ希望があるのかもしれません。

　異なる者同士が共に遊び，豊かな芸術に触れながら，全身で表現して感動を得るような活動が，各地域の生活の中に生まれ続いていくことが望まれます。「心音プロジェクト」のような遊びの場は，きっと，ウェルビーイングな未来につながっているでしょう。

8-③ 集い遊ぶことの意義
―「私たちのウェルビーイング」の共創―

コロナ禍で問われた身体性

　近年 AI の社会実装が急速に進み，私たちが生きる環境は，実世界と仮想世界が交錯する新たな時空間へと変化し始めています。さらに，新型コロナウイルス感染拡大防止への対策において，私たちは，互いに一定の間隔を保つ「ソーシャル・ディスタンシング」（social distancing；社会的距離）が当たり前の毎日を経験しました。社会的距離という表現だと「家族や大切な人々との関係を社会的に断たなければならない」と誤解されかねず，孤立感から精神的なダメージを受ける人も出てきました。そのために，WHO をはじめとする機関が，人的接触距離を確保しながらも人と人とのつながりは保ってほしいとの願いから，「フィジカル・ディスタンシング（physical distancing；物理的距離)」ということばへの言い換えを勧める動きがありました。しかし，私たち人類は，他者や社会と強く結びつきながら進化してきた生物であり，他者と「身体」を介して触れ合い，コミュニケーションすることは，私たちの基本的活動でありました（明和，2019）。コロナ禍で私たちが求められた生活様式は，進化的にもきわめて異様なことだったと考えられます。

　急速に変化してきた現代社会においては，人々の身体感覚の乏しさや身体を媒体とする直接的なかかわりの減少に危機感が高まっています。コロナ禍での行動変容を経て，「非接触」や「非対面」がもはや緊急的な代替の対応ではなくなろうとしている一方で，逆に，身体で感じ，身体で考え，身体でかかわり交流することを生きることの基軸としてとらえる取り組みの真価が問われるに違いありません。また，身体認知能力を拡張させ自在にリモートコントロールできるサイバネティックアバターの技術開発も進んでいます。身体や時空間の制約から解放された社会の実現を目指して急速な開発が進む今だからこそ，発達の初期的段階にある子どもたちが，自分の身体を基準に世界を知覚する体験を通して，生きる主体となっていく過程を重視しなければなりません。動くことこそが生きることの源であり，世界と直接的に接しかかわりながら動くことが，生命や意識・知覚の創発に本質的な役割を果たすという視点から全面的な発達をとらえ，子どものウェルビーイングを考えていく姿勢が必須となるでしょう。

今後，私たちは，自分の身体の感覚を研ぎ澄ませ，身体の声を聴き，誰かと心地よい時間を過ごしながら，互いの身体を感じ，共鳴するような体験の意味をあらためて考える必要があるでしょう。「生きた」コミュニケーションは，身体性から切り離せません。コンヴィヴィアルな体験，祝祭性のある体験には，フィジカルなものが重要なのです。今あらためて，生身の人間の触れ合いが重視される理由は，身体の「特異性」と「つながり」の実感にあるでしょう。身体で向かい合うことは，私たち人間が「互いに違う」ということを前提に，違うからこそ互いを尊重し，異なる能力を合わせながら，一人では成し得ないことを実現してきた歴史を再確認させてくれます。そして，一人ひとりが違うからこそ，歌ったり踊ったりしてリズムを共振させ，身体をつなぎ合わせるような感覚を大切に，社会性を保ち続けてきたのです。

　今後は，ウェルビーイング実現のために，実体験を通じて培われる共感や仲間意識のような感覚，いわば「身体感覚を伴うつながり」の真価がより問われていくでしょう。

　ムーブメント教育による遊びの場では，子どもも大人も，他者との間主観的な交錯や身体を媒介にした相互作用，表現を共有し交流し合う挑戦を繰り返しながら，その営みの中で浮かび上がってくる新たな「私」に出会い理解を深めているのです。重要なのは，個として実在した確かな「私」が先にあるのではなく，他者との身体的な接触・交流という出来事から「私」が初めて浮上するということです。それは，まさに，自身と他者の「交換不可能」な身体に気づき，各々の「違い」を受容しながら，全身でつながることの楽しさを体感する経験であり，つながりを軸にして私のあり方を柔らかにとらえる姿勢を育みます。多様性の時代において，ウェルビーイングの実現に向けて欠かせない視点であると言えるでしょう。

身体の声を聴く，そして，聴す

　生身でかかわる機会が奪われ，等身大の人と人のつながりが急速に薄れてしまった今だからこそ，私たちは，自分の身体の感覚を研ぎ澄ませ，身体の声を聴き，他者とのつながりを大切にしていかねばなりません。「身体の声を聴く」，自分の身体がどうしたいのか，芯から緩めて丁寧に聴いてあげる時間……。誰かと心地よい時間を過ごしながら，互いの身体を感じ，時に共鳴するような体験……。コロナ禍を経て，私は，さらに，このような活動を重視するようになりました。

さて，「聴」という字は，「聴く（きく）」という読み方の他にも，「聴す（ゆるす）」と読むのだそうです。これは，カウンセリングの基本である「傾聴」にも通じ，相手に寄り添い心を開いて話を聴く，相手の存在をまるごと，ありのままを受け入れる姿勢を意味します。相手のことを理解したり，解釈したりするのではなく，不可解なものに耳を澄まして，よく感じてそのままにしておく行為を「聴す（ゆるす）」と表現するそうです。

　また，「聴す」の他，「許す」「赦す」「釈す」「恕す」「宥す」…と，「ゆるす」ということばにはいくつもの漢字表記がありますが，この「ゆるす」は，「緩む（ゆるむ）」とも同源のことばだそうです。どれも共通して「厳しく締め付けていることをゆるめる」というニュアンスがあります。

　以前から活動が充実してくると，「支援する－支援される」の立場が見えなくなると感じていましたが，あらためて「聴く」ことは「聴す」ことであると考えてみると，それは，他者を支える行為だけでなく，自分自身のためでもあるのかもしれません。自ら与えうるものではなく，他者によって見いだされるものとしてあるのです。他者の他者として呼びかけられ，それに応えるものとして「私」の特異性が与えられます。つまり，他者を「聴す」体験の先に，生き生きとした「私」が生まれるのかもしれません。

　渡邊・チェン（2023）は，「"わたしたち"のウェルビーイング」を実現するためのデザインとして，「ゆらぎ・ゆだね・ゆとり」の3つの要素をもとにした「ゆ理論」を提示していますが，「聴す（ゆるす）」は，これらとも関係がありそうです。私たちが体験してきたインクルーシブな遊び活動は，多様な人たちがしなやかに他者とかかわり，共に「ゆらぎ」，自身の内側や他者との間に生じる変化を楽しんでいます。そのような変化を生む関係性は，様々な人たちが，ありのままに，自らの身体を場に「ゆだね」，安心して共に居ることから始まります。そして，それを実現できるのは，ムーブメントによる集団活動の場が，伸縮可能な弾性をもった余白のある空間，まさに「ゆとり」のある受容的な遊びの場であるからです。私たちは，活動のあらゆる段階・場面において，「聴す（ゆるす）」体験を重ねていたのかもしれません。自身の身体に対しても，他者に対しても，他者と共有する場に対しても，緩め，ほぐし，寄り添い，つながり，また緩め…，そうやって，遊びの場をつくってきたと言えるでしょう。

　創造的なムーブメント遊びを通して，参加者が身体を響かせ合い溶かし合うように活動に没頭している様子は，身体として共存しているという感覚を互いに呼び起こしているようでした。このような複数の「いのち」が共振するよう

な現象は，各々が身体をゆるめ，心をゆるめ，まるごとの自分を聴し，ありのままの他者を聴す行為の連続性の中に生じるのかもしれません。

遊びは「もやい直し」には欠かせない

ムーブメント教育による遊びの場において，個の多彩な「違い」を活かす幅広の共同性が生み出されてくると，「安心感」に包まれた信頼のある関係が生まれ，多様な人々との共有体験，多彩な交わりが促進され，参加者は遊びの場を共につくる一員としてより主体的になるという現象が起きています。私たちの実践においては，次なる活動や日々の生活への意欲を示す参加者の声がよく聞かれます。ムーブメント活動による体験が，主体的な行動力を支え，未来志向型の思考につながっていると考えられます。

私たちの活動を長年見守ってくださっている最首悟氏（和光大学名誉教授）は，私たちの実践の様子を「雑然たる賑わい」と評し，「遊びは『もやい直し』には欠かせない」と論じました（最首他，2017）。「もやい（舫い）」とは，船と船をつなぎ合わせることを言うのだそうです。つまり「もやい直し」とは船と船をつなぐロープを結び直すことであり，熊本県水俣市では水俣病によって傷ついた地域の人々の絆を取り戻すために，互いに向き合い，話し合うことで意識改革をはかる動きを「もやい直し」と呼んだのです。

急速にバラバラになってしまった日本の社会は，少子高齢化，人口減少や経済格差が進展する中でどうやって地域を存続させていくか等，難しい問題に直面しています。コロナウイルスによるパンデミックは，私たち社会の「つながり」の意味，重要性を改めて考えさせてくれるものでもありました。地域社会が解体し，共通の規範が薄れ，人々の生活が孤立していく中で，異なる者同士が共に集って遊ぶ試みを積み重ねることに，どんな意味があるのでしょうか。それはきっと，「人と人」との関係を問い直し，「分断」されているものを緩やかにつなぎ直し，地域を活性化させコミュニティーの再構築へつながる可能性を含んでいると言えるでしょう。

笑顔が笑顔を呼ぶ好循環
―ムーブメントの遊びの場に生まれる私たちのウェルビーイング―

ムーブメント教育を活かした活動で充実した展開を見せるものには，ある共通点があります。それは，子ども自身の笑顔はもちろんですが，親，家族，スタッフ等，参加する全ての人の笑顔が増え，全体としての幸福度が高まっていると

いう実感です。アンケート調査の分析等から，活動によって保護者自身の幸福感が増していることが報告されています。また，障がい児を対象とした療育活動としてスタートした取り組みにおいて，「きょうだい児」やスタッフの子ども等の参加をきっかけに，対象を障がい児のみに限定すべきかどうかの議論の末，「誰でも来ていい」場としてムーブメント教室をあらためて認識することで，全ての子どもの育ちにも良い効果が見えてきて，全体的に場が活性化してきたという事例もあります。

そして，継続して参加するメンバーが増えると，参加者の感想に「みんな」の喜びや場全体の雰囲気についての満足感を表すことばが多く残されるようになります。例えば，怖がってパラシュートに乗る遊びに参加できなかった子どもが楽しそうに乗ることができた日，多くの母親が「○○くんがパラシュートに乗ることができて良かった」との感想を残したことがありました。自分自身のことや自分の子どものことでもなく，他の子どもや他の家族の喜びを共感することばが多く見られます。また，「子どもも大人もみんな笑顔で良かった」「今日もみんな楽しく活動できて良かった」等，活動全体の充実を願ったり，共に場を構成している一員としての自覚を表したりするような感想も増えていきます。このような声が多い活動では，同時に，積極的に遊具を持ったり他の親子の活動を支援したりして場を担う言動が見られるのも特徴です。参加する大人が子ども以上に元気で生き生きと遊び，親子の組み合わせが分からない状況もよく起こります。これは，全ての大人が全ての子どもにかかわって，共に遊ぶ主体として参加しているからでしょう。子どもが，「私たちの子」としてとらえられ，遊びの中で，子どもも大人も活発にかかわり合い，交じり合い，にぎわっている状況であると考えられます。

子どものウェルビーイングを考える際，「今の」幸せだけでなく「これから」の幸せ，「自分だけ」の幸せではなく「周囲の人たちや社会も含めた」幸せというように，自分を中心に置きながらも，関係的にも時間的にもより広く，幸せのあり方を考えて，子どもが将来に向かって希望をもつことができるかどうかが重要です（内田，2022）。

また，教育現場でのウェルビーイングを改善する機運が高まるにつれて，学校だけでなく，家庭やさらに大きなコミュニティーとも深く関係していることが指摘されるようになってきました。ウェルビーイングを考慮するには，子どもを取り巻く人間関係，コミュニティー等，様々な環境からのより包括的な視点が求められます。個々のウェルビーイングを改善するには集団としての社会

が良好でなければなりません。このような点についても，フロスティッグの指摘には先見性があり，子どもたちが健康で幸福になるための教育は，学校の教職員だけが担うことではなく，両親はもとより地域の人々も役割を担い合い，全てが「全体としての子ども」に取り組む必要があると論じていました。そして，自らの理念を実践するためにムーブメント教育を体系化したのです。

フロスティッグの教えを引き継いだ日本のムーブメント活動は，より包括的で，遊びの場を共につくる営みとして発展してきました。受容的な遊びの場において，様々な立場の参加者が主体的にかかわり，幸福感を得る中で，互いの存在そのものが「遊び環境」であることに気づき，自分たちのためのより良い場を自分たちでつくろうという意識が芽生え，さらに積極的な参加や協働を生んでいます。文化差の比較研究から，日本人のウェルビーイングには，協調的な幸福の要素が強く，「場」や「関係性」，個人を超えた「集団性」が重要だとの見解が示されています（内田，2020）。ムーブメントの遊びの場をつくる行為は，「私たちのウェルビーイング」という個の集合的な総体のウェルビーイングを想定して共創する活動と言えるでしょう。

ウェルビーイングは，個人の短期的な状況や感情の状態にとどまらず，より包括的で，個人を取り巻く「場」が持続的に良い状態であることを指しています。個人のウェルビーイングの向上は，場のウェルビーイングの醸成でもあります。ですから，子どもたちは，自分個人のウェルビーイングを求めるだけではなく，その仲間，家族，コミュニティー，それから地球のウェルビーイングにも配慮するように学ぶことが期待されているのです。

共につくるムーブメント活動において生まれる世界は，非日常の仮の世界，遊び空間ではありますが，同時に，個人と社会のウェルビーイングの縮図的な体験とも言えるでしょう。

【対談×小林芳文先生】

M.フロスティッグ博士の
ムーブメント教育が
目指した未来へ

フロスティッグとの出逢いから
日本への導入期をふりかえって

大橋 ─── 今回，ムーブメント教育とウェルビーイングに関する本をまと
めることになり，小林先生からお聞きしたフロスティッグ先生の
話を思い出しました。先生がフロスティッグ先生と出逢った頃の
お話がとても素敵なので，読者の方にもぜひお伝えしたいのです
が…。

小林 ─── はい，もちろんです。1977年に日本文化科学社の招きでフロ
スティッグ先生が来日されて，1978年の「ムーブメント教育─
理論と実際─」の翻訳出版には，僕は訳者の一人として既にかか
わっていましたが，直接に親しくしてもらったのは，その後，僕
が渡米した時です。ロサンゼルスで開催されたフロスティッグ先
生のセミナーに，1か月間参加しました。フロスティッグ先生は，
自身が開発した視知覚発達検査に関する講義の際，僕を受講生の
前に立たせて，着けていたネクタイの柄を活かして説明を始めま
した。その時はびっくりしてちょっと恥ずかしい気持ちで先生の
傍に立ちましたが，すぐに，僕への優しさだと解りました。日本
人の参加者は僕だけで，一人でぽつんと心細く座っていたところ
に，最初に僕を目立たせて打ち解けるように仕向けてくれたのだ
と…。

大橋 ─── 歓迎の気持ちを表してくださったのですね。

小林 ─── そうですね。さらに，しばらくすると，「あなたは，毎日ここ
までどうやって通っていますか？」とたずねられ，「ダウンタウ
ンのホテルからタクシーで通っています」と答えたら，「それはもっ
たいない，私もダウンタウンを通るから，私の車に乗りなさい」
と送迎までしてくださいました。娘さんやお孫さんと一緒に食事
をしたこともありました。とても楽しい時間でした。その上で，
セミナーの最後に最も驚いたのが，授業料として支払った1000
ドルが小切手でホテルに届いたのです。「これから，この学問を
日本に広めるために使ってください」とメッセージが添えられて
いました。

大橋 ─── 海を越えて学びに来た日本の若い研究者の熱意に応えて励まし

てくださったのですね。

小林 ―― もう，僕は感動してね，この素晴らしい先生をもっと日本に紹
介したいという想いで仲間を集め，1980年には，10日間の研修
ツアーを組んで出向きました。そのときも，私たちの宿泊所にご
自身で焼いた手作りのクッキーをわざわざ届けてくれたんです。

大橋 ―― 温かいお人柄が伝わりますね。

小林 ―― その後，1983年には，フロスティッグ先生を日本にお呼びして，
東京，大阪，名古屋で研修講演会を実施しました。大変盛り上が
りました。

大橋 ―― ここで，ムーブメント教育の研
修活動が日本でも本格的にスター
トしたんですね。

小林 ―― それから，出逢ってからこの数
年の間に，フロスティッグ先生は，
僕に欧米の研究仲間を次々に紹介
してくれていました。翻訳を担当
した著書の序文を書かれたカルフォ
ルニア大学のクラッティ（Cratty）

M.フロスティッグ博士

教授を皮切りに，ドイツのキパード（Kiphard），スイスのナビー
ル（Naville），アメリカのウィニック（Winnick）等…。この方々
との出逢いは，フロスティッグ先生が僕にくださった宝ですね。
彼らとの協力によりその後の研究活動が大きく発展しました。

大橋 ―― フロスティッグ先生の書かれたものを読むと，目の前の子ども
たちへの温かなまなざしと共に，全人類の未来という大きな視野
でウェルビーイングの実現を願っている熱い想いが感じられます。
「教師を育てることは，どんな名誉や偉業にも勝るとも劣らない」
とも述べたそうですが，まさに，若かりし頃の小林先生を日本の
ムーブメント教育のリーダーとして育つ人材と見抜いて，異国の
未来のために種を蒔かれたんですね。

小林 ―― いやぁ，とにかく，とても波長が合ったというか，本当に可愛
がってもらいました。心から感謝しています。

大橋 ―― 続けて，日本に導入した頃の話も聞かせてください。

小林 ―― フロスティッグ先生に出会った頃，日本の障がい児教育は，ま

さに訓練中心でした。1979年が日本の養護学校義務化の年ですが，当時はまだ「養護訓練」ということばが表しているように，訓練的な介入が主流で，その様子を見るたびに，僕は，きつい訓練ばかりで，子どもの心はどうなってしまうのだろうか，子どもの脳は発達するのだろうかと疑問をもっていました。

大橋 ―――― そのような日本の状況の中でムーブメント教育を導入したばかりの頃は，研究者の間では，「ただ遊ばせているだけで，子どもたちをダメにする」という批判も多かったと聞きましたが…。

小林 ―――― そうですね。そのような批判はありました。でも，信じて疑わなかったですね。「訓練」ということばを見直したい，日本の子どもたちにも，楽しい遊びを軸にした新しい教育を届けたいという想いでしたから。実践を通して，豊かな動的環境と対話する子どもたちの笑顔，そして，お母さんたちの喜びの声が，力添えになっていきました。

大橋 ―――― 「強制的なきつい訓練では，子どもの心や活動に主体性のあるエネルギーを与えることは難しく，発達の良循環がつくれない」，「遊びやファンタジーの要素を含んだ活動と自然な動きを誘う支援であれば，潜在する能力を引き出すことができる」という先生の主張は，フロスティッグ先生から引き継いで，ずっとぶれていないんですね。

小林 ―――― 批判の声は確かにあって，訓練的介入を是とする研究者からは，「子どもの幸せなんて言ってやってるけど，どんな効果があるんだ？ 何のためにやるんだ？ エビデンスを出せ！」って学会で反論されたこともありました。でも，あまり気にならなかったです。何より，僕自身が楽しかったからね。とにかく夢中で続けてきました。

大橋 ―――― 没頭して喜びの中で邁進してきたのですね。

小林 ―――― そう！ つまり，僕自身のウェルビーイングだね！ もちろん，ムーブメント活動の効果を証明するための研究もたくさんやってきましたけどね，でも，今だったら，「なぜやるのか？」と問われたら，「僕が楽しいからやるんですよ！」って堂々と答えます。ムーブメントを続けてきて，幸せになったのは僕自身ですから。胸を張って，そして，感謝をこめて，そんなふうに言えるようになってきました。

重度重複障がい児を対象とした
ムーブメントプログラムの発展
―ユキエちゃんの笑顔とともに―

小林 ——— 先ほども話したように，僕はね，「子どもが泣いてでも，発達に必要だからやる」というきつく辛い訓練に対して，「子どもの意欲や幸福感」，「人間尊重」の考え方からずっと疑問をもっていました。フロスティッグ先生のムーブメント教育に出逢ってからは，その想いは確信に変わってね，日本でも，押しつけや一方的な訓練ではなく，喜び溢れる自発的な活動の中で，子どももかかわる全ての人たちも幸せを感じるような方法の開発をみんなで考えていくことを目指したいと動き出しました。

大橋 ——— 小林先生が日本にムーブメント教育を導入し始めた頃，動くことが最も苦手で厳しい身体的訓練を強いられていたと思われる重度重複障害の子どもたちとの取り組みで大きく発展したとうかがいました。その頃のお話を聞かせてください。

小林 ——— そうですね，それなら，ユキエちゃんという少女との出逢い，そして，福井の「たけのこ教室」の始まりについてお伝えしましょう。1981年に僕は東京で開催された日本保育協会主催の障害児保育研修会で講演を担当したのですが，その場に，福井の保育所の園長である竹内麗子先生が参加されていました。竹内先生は，姪のユキエちゃんは当時2歳前で，生後3か月目で重度の重複障害があることが分かってからは，つらい訓練が続いており，母親も疲れ果てている様子を話してくれました。実は，そのユキエちゃんのお母さんも別の保育所の園長先生をしておられるとのことでした。

大橋 ——— ユキエちゃんは，保育に携わる一家に誕生したのですね。

小林 ——— そうです。竹内先生のご家族は，ユキエちゃんが保育所に入園するのを機に，福井では初となる障がい児と健常児が共に育ち合う保育をスタートさせています。しかし，当時は，軽度の知的障がい児やダウン症児ですら保育所での受け入れが難しく，寝たきりの重度重複障がい幼児は医療機関での療育がほとんどで，保育

所の受け入れには具外的な手立ても少なく，周囲の理解も得ることも難しい状況であったようです。そんな中，より良い情報を求めて東京の研修会に参加され，僕と出逢ったわけです。

大橋 ── 竹内先生が，そのときの講演をふりかえり，「訓練ではなく感覚や運動遊びを通して，楽しみながら育てる」というムーブメント教育の方法論を知り衝撃を受けた，さらに，「障がい児保育の中心課題は，子どもの健康と幸福感の達成である」という小林先生のことばに感銘を受け，大きな希望の光を得たと話されていました。

小林 ── その研修会の後もね，何度かお電話があって，それを傍で聞いていた妻が，「あなた，もう，福井まで行ってあげたほうがいいわよ」と言ったもんで，そうか，そうだね…と，始まったご縁です。

大橋 ── 奥様の一押しで「たけのこ教室」が始まったんですね。

小林 ── 記録によれば，僕が出向いた第1回の「たけのこ教室」は1982年5月ですね。当時のユキエちゃんは，2歳11か月で，低緊張で全く身体が持ち上がらない，寝たきりで「ぺったんこ」の印象でした。僕たちは，家族の全面的な協力を得て，保育環境をどんどん工夫していきました。積極的にトランポリンやハンモックに乗せて楽しい揺れを経験できるようにしたり，ローリングカーを使って加速度の動きを援助したり，スクーターボードに乗せてバランス運動の機会を提供したりしました。そして，最も印象に残っているのは，保育所内に一年中使用できる「温水プール」まで作ってもらったことです。浮力を活用して全身運動が可能になり，水圧が末梢の血流を促し代謝を良くしてくれ，大変魅力的な環境でした。ユキエちゃんは，5歳2か月では「はいはい」する姿を見せてくれて，小学校にあがるときには，2，3歩，歩けるようになっていました。僕は，強制的で受け身の訓練ではなく，本人が主体的に動くことが生きる力に直結する，健康づくりに必要な運動を遊びの中で楽しみながら続けることの重要性について主張してきたわけですが，そのことをユキエちゃんが体現してくれました。彼女のおかげで，脳に重い障害がある子どもでも，環境を工夫して，身体運動から支援すれば発達につながるという考えが確信に変わりました。

大橋 ── ご家族が熱意と喜びをもって，積極的に取り組まれた様子が目に浮かびます。

小林 ── そうですね。ユキエちゃんの反応にお母さんもご家族も笑顔になり，継続できたことに意味がありましたね。フロスティッグ先生も「子どもの全生活空間を考慮に入れた支援」を目指していたのですが，ユキエちゃんの事例は，保育に携わるご一家という背景があったのが幸運でした。保育環境をダイナミックに工夫できたことで，子どもの生活に密着した支援の有効性を証明してくれました。

大橋 ── ユキエさんのために始まった「たけのこ教室」の活動が，その後，地域の保育所と連携し，療育支援ネットワークを実現していったのですよね？

小林 ── 最初はユキエちゃんのように重い障害の子どもたちが集まってきて，家族で参加できるムーブメント教室を続けてきました。重度重複障がい児の早期支援の新しい試みとして評価されるようになり，1986年にはNHKの「明日の福祉シリーズ」でも放映されて反響を呼びましたね。1995年には，お母さんたちの手記を集めた本（『保育と福祉の実践に学ぶ生き生きムーブメント教育』，福村出版）も出版されました。

大橋 ── 保育所を軸とした子育て支援・家族支援の先駆けのような取り組みですよね？

小林 ── 「たけのこ教室」は今でも継続していて，様々な障害の子どもたちが通っています。家族も楽しみながら一緒に参加できる障がい児支援にムーブメント教育が益々活用され，保育者の専門的な意識にも良い影響を与えるようになりました。

ユキエさん，たけのこ教室

大橋 ── 以前，私も福井で実践されている教室に参加させていただいたことがありますが，親子，保育者の先生方の明るい表情とチームワークの良さに感動しました。

小林 ── 保育者と保護者の間でも，子育て・療育・保育の実際を学び合い，子どもの育ちを共有する活動が大切にされ実践活動が財産として蓄積されています。かかわる人たちが各々の立場で自信や意欲，幸福感を高めることができる活動に発展しています。

創造的ムーブメントの強み

大橋 ── 今度は，私の実践から，お話しをさせてください。親子ムーブメントの活動で，床に置いたフープの中に身体の一部を入れるというプログラムに取り組んでいました。

小林 ── 身体部位の確認や姿勢保持の基本的なムーブメントの課題だね。

大橋 ── はい。その中で，「フープの中に左手を入れて」と私が言ったとき，ある子が，立ち上がりフープに左手を通して見せてくれました。そのとき，私は，「わぁ，すごい，ちゃんとフープの中に左手が入っているね！　みんなで真似してみよう！」と反応しました。あとでお母さんが残した記録を読むと，この場面にとても感動をしていたことが解りました。

小林 ── 「お手本の通りに，座ったまま床に置いたフープの中に左手を入れなさい」という指導がなされなかったからかな？

大橋 ── そうなんです。お母さんは，「いつものように我が子だけが，みんなと同じことができない」と残念な気持ちになった瞬間に，

フープの中に左手を入れて

私が肯定的に受けとめ，次の活動にも活かして展開して仲間と共有したことに，驚きと喜びを表しておられました。

小林 ── 別のやり方を促すのは，創造的ムーブメントへの展開には重要な視点ですね。フロスティッグは，リーダーは基本になる活動，ベースの動きはきちんとガイドしないといけないけれど，プログラムの設定は，収束型ではなく発散的思考を大切にするように発展させるのが良いと言っています。

大橋 ── 「答えが一つではない」展開の面白さですよね？

小林 ── やさしくガイドして，ベースを示して，「別の方法でやってごらん」で自由な発想を促して，子どもから出てきた動きや表現は否定せずに肯定的に受けとめる…が原則だね。

大橋 ── そう言えば，リーダーを始めたばかりの頃の私は，小林先生がよく言われている「別のやり方でやってごらん」ということばがけがとても優しくて，意識的に真似をして使っていたのですが，経験を重ねたこの頃は，自然に「別のやり方」を歓迎する姿勢が身についていたのかもしれません。

小林 ── 子どもが別のやり方を示したときに，周りと同じことをしないと嫌だと思わない，逆に喜ぶことができるリーダーの気質が大事だね。

大橋 ── リーダーが創造的なことを好きじゃないと創造的ムーブメントには発展しにくいってことですね。

小林 ── そうだね。子どもが突拍子もないことをやったときほど，僕たちは盛り上がるもんね…（笑）。

大橋 ── もう一つ，創造的な展開で記憶に残っている活動があります。「冬眠中のくまさんを起こさないように」というイメージで，くまさん役の大きな体の学生が横になっているところを通り越して，お花に見立てたビーンズバッグを取ってくる…というプログラムを設定したときのことです。多動な子どもも含めて元気に動き回るタイプの子どもたち多かったのですが，見事に「静かにそっと」移動することができました。

小林 ── 「くまさんを起こさないように…」というイメージを共有できたんだね。

大橋 ── はい。本当に静かに一歩一歩丁寧に歩いて，嬉しそうにそっと

ビーンズバッグを手にして戻ってくる子どもたちの姿に驚きました。

小林 ——　動きのコントロールをするのに，「騒がないで！」と禁止の命令をするのではなく，子どもたちが自ら「静かにそっと」動きたくなる環境設定ができたということです。

大橋 ——　厳密に言うと，「静かにそっと」動くことを指示されたり強制されたりしたのではなく，一人ひとりが「主体的に」そのように動きたくなったというところが大切なのだろうと感じています。

小林 ——　そうだね。きっと子どもたちは，「熊」という動物に関する知識に連動して危険を回避する場面をイメージしたり，起こさないようにしてあげようという思いやりの気持ちを抱いたりして，それらを表すために動いたんだね。運動の制御を訓練的に教える取り組みと違って，子どもたちが自ら静かに動きたいと思う環境を提示できるところに，創造的ムーブメントの強みがあるね。

冬眠中のくまさんを起こさないように

教科学習も動く喜びの中で…

大橋 ——　小林先生が委員長となって，1991年に実施した神奈川県横浜市における学習障がい児を対象とした調査について，本書でも紹介しましたが，あらためて確認すると，文科省の「学習障害及びこれに類似する学習上の困難を有する児童生徒の指導方法に関する調査協力者会議」の発足が1992年6月ですから，国の取り組みに先駆けたものだったのですね。

小林 ——　はい，そうですね。既に交流のあったドイツのキパード（Kiphard）先生が，LD児の中に身体協応性の低い「ぎこちない

子ども（Clumsy Children）」が多く含まれていることに着目して，そのような不器用な動きの子どもたちを見つける研究や遊具を活用したアクティブな環境づくりの実践に取り組まれていました。

大橋 ―― ドイツでは，当時，不器用な動きの子どもたちに対して，地域の療育や学校体育の場を活用して就学前後で支援できる体制が整っていたそうですね。

小林 ―― そうなんです。しかし，当時の日本では，やはり教科学習そのものの支援に注目が集まっていました。実際，僕がかかわった子どもで，小学4年生で片足ケンケンができないという少年がいました。よくよく聞くとプールの時間でも泳ぎ方が変だとクラスメートに笑われたこともあったようですが，それでも，学校の先生たちは，彼の運動面の困難さよりも学習面の遅れをより深刻にとらえていたようです。そこで，僕たちは，彼にムーブメントプログラムによる支援を行いました。彼が中学3年生になるまで続けることができたのですが，学習面だけでなく情緒面でも良好な変化がありました。キパードの研究に加えて，自身の取り組みにおいても，LD児への支援にムーブメント教育が有効であることの確信を得ていました。

大橋 ―― 元々，フロスティッグ先生も，LD児が身体協応性運動に困難をもっていることにいち早く気づいて，早くから，ムーブメント教育は，教科学習に有効であると主張されたのですよね。

小林 ―― そうです。ご自身でも，視知覚発達検査，MSTB（Movement Skills Test Battery）等のアセスメントの開発に力を注ぎ，同時に，「ことば」や「かず」の概念の育成につながる楽しいプログラムを考案して実施していました。

大橋 ―― ラベリングして終わりではなく，すぐに活用できる支援プログラムをセットで開発してこられたということですね。

小林 ―― そうです。僕たちの調査も同じ想いから開始しました。LD児が，運動面で困難をもっていること，不器用な動きの傾向があることを明らかにすることは，彼らに身体運動面でのマイナスのレッテルを貼るために行うことではありません。彼らが，楽しい運動に参加することができるにはどうしたらいいか，教育関係者にその個性に応じた指導の工夫を訴えるためでした。

大橋 ──── 私は，就学前支援として，地域の子育て支援や保育所で年長の
子どもたちに対して教科学習につながるムーブメントプログラム
を実践してきましたが，子どもたちや保護者，保育者の反応から，
遊びの中で子どもたちが「ことば」や「かず」に出会い親しむと
いう体験が大切なのだと感じています。

小林 ──── 子どもは本来生き生きと動くことが大好きなのだから，その強
みを最大限に活かす方法で，学校の学びにつまずきを感じている
子どもたちの応援をしたいと考えてきました。

大橋 ──── そう言えば，先生の『LD児・ADHD児が蘇る身体運動』（大修
館書店，2001）が出版された直後，私はサインをお願いしたの
ですが，「動くことは命です」ということばが添えられています。

小林 ──── うん，動くことは命です！

算数もムーブメントで

子どもの発達に寄り添うプログラムづくり

大橋 ──── 私がムーブメント教室のリーダーになりたての頃，小林先生が
「迷いが生じたときは子どもの顔をよく見なさい。笑っていたり，
集中していたり，没頭したりしていたら大丈夫！」とアドバイス
をくださったのを今でもよく思い出します。

小林 ──── プログラムの内容が，その子の発達段階に適しているかどうか
は子どもがちゃんと教えてくれるという意味ですね。

大橋 ──── はい，本当にそう感じてきました。一人ひとりの発達の広がり
（からだ・あたま・こころ）と流れに寄り添うことを基軸にして
いる以上，うまく合っていれば，子どもは喜びが必ず身体に現れ

ますね。もちろん，そうでないときは，何かが合っていないのだから，臨機応変に子どもの反応を見ながらプログラムを修正していくことも学びました。

小林 ―― 　ムーブメント教育は，課題中心・大人中心の訓練型のプログラムではなく，子ども中心の遊びを軸とした内容ですが，これは，「ほったらかして勝手に遊ばせておけばいい」という意味ではないのです。

大橋 ―― 　子ども中心のプログラムにおける発達支援を実現するためだからこそ，対象となる子どもの発達の様相をよく把握して，それらに適した遊びの環境を準備する必要があるということですよね。

小林 ―― 　そうだね。リーダーはプログラムの課題をしっかり構造化しておく必要があるけれど，実施の際は，押しつけではなく，子どもが笑顔で夢中になって取り組むような展開が理想です。

大橋 ―― 　この視点は，ムーブメント教育では原則的な構えとしてとらえてきましたが，子どものウェルビーイングの実現に向けて，あらためて重要だと感じます。

小林 ―― 　終わったとき，子どもたちに，「まだまだやりたい」，「明日もやりたい」，「先生また来てね」と言われると，僕も素直に「ヤッター」ってなっちゃうね。

大橋 ―― 　そうですね，こちらも嬉しくて，また，次は何をして遊ぼうかな…って，夢中でプログラムを考え続けちゃいますよね。終わらない好循環ですね。逆に，「夢中」が終ってしまった体験として，私の次男の話をさせてください。彼が幼い頃スキップに夢中になっていて，いつでもどこでもスキップしていたときがあるのですが，数週間後，気づいたら全くしなくなっていたので，「あれ？今日はスキップしないの？」とたずねると，「うん，しない。もうできるから」と答えたんです。

夢中だったスキップ

小林 ── もうすっかりできてしまうことは，「面白くない，楽しくないから，もうやらないよ」という意味ですね。

大橋 ── 発達段階に適した課題というのは，難しすぎず，簡単すぎず，「もう少しでできるようになる」くらいがちょうどいいんだよと先生が教えてくださっていたことが，腑に落ちて，なるほど〜と感じた瞬間でした。

小林 ── まさに，ムーブメント教育のアセスメント MEPA における「芽生え反応」の意味につながる話ですね。「もう少しでできそう」なことが一番応援したいところ！

大橋 ── 先生は，ずっと，MEPA を評定やラベリングで終わらせるのではなく，次に取り組むべき活動を見出すために開発されたとおっしゃっていましたね。

小林 ── そう。ずっとね，お母さんたちの不安や不満の声を聴いていたのでね。「先生，テストや検査はもういいです。受けさせたくありません。できないこと，遅れていることがたくさんあると分かっても，じゃあ，どうしたらいいですか…」という嘆きです。MEPA はね，評定項目そのものが生活や遊びの中でチェックできるので，そのまま活動案になるし，ステップガイドを併用すれば，そこにすぐに取り組むべき活動のアイデアがたくさん提示されています。

大橋 ── 最近でも，発達検査をして不安な点が見つかっても，結局は「様子を見ましょう…」と放置されてしまっている現状が多いようです。あらためて役立てたい視点です。

小林 ── 評定することだけが目的になってしまってはいけないんだよね。

大橋 ── 私が携わっているある保育所での実践でも，最近，保育士の先生方に MEPA-R の基本的な活用について勉強してもらって導入したところ，「体験不足からの未発達を見つけることにつながる」という感想がありました。

小林 ── なるほど。現在は，障がい児だけでなく，どんな子どもにとっても，日常で触れることができる遊び環境がとても貧しくなっているので，MEPA-R を活用することで，日頃の保育に必要な遊び環境を見直すことができたんだね。

動きを引き出す魅力的な環境づくりのために

大橋 ——　MEPAと同じく，日本独自のムーブメント教育の発展として評価されているものにムーブメント遊具がありますが，先生は，どのように開発されたのですか？

小林 ——　フロスティッグ先生の活動を参考にして，帰国後，すぐに，最初は仲間と手作りで色々作ってみましたね。パラシュートは風呂敷をたくさん縫い合わせて作ったんで，濃い紫色だったね。ファンタジーの要素がちょっと弱い色合いだったかな…(笑)。

大橋 ——　へぇー，風呂敷パラシュートだったんですか！　それはそれで見てみたい…(笑)。

小林 ——　ビーンズバッグもね，学生たちと小豆を入れて作ったんだけどね，大学の部屋が湿気が増してきていたのかもしれないけど，そのうち，芽が出てきちゃって，慌てたこともありましたね…(笑)。

大橋 ——　色々な試行錯誤があったのですね。

小林 ——　フロスティッグが使っていたものをもとに，さらに，感覚・知覚・精神の発達段階の理論に基づいて開発に取り組みました。必須な色，形，長さに絞りこんで，シンプルだからこその応用性も最初から考えていました。

大橋 ——　なるほど。

小林 ——　例えば，ムーブメントリボンを持つと自然と振り回したくなるし，長さが3メートルあるので，大きく振り回さないとリボンの動きがきれいに見えないから，関節可動域がどんどん広がっていきます。今度は，リボン持って走ると，床にリボンがつかないように挑戦したくなるので，子どもたちは夢中になってたくさん走ります。

リボンをゆらしてみよう

大橋 ——　ムーブメントリボンは，大人でも難しくて，チャレンジしてしまいます。どの遊具も，長さ，色，重さ，質感等，こだわりをもって探求した結果，生まれているのですね。

小林 ── 遊具を活用することで，ムーブメントの環境が子どもたちに動くことを誘いかけたり，どう動きたいか問いかけたりしているんです。

大橋 ── その表現はすごく同感です。例えば，床に一列に並べた形板は，「まっすぐに歩いて渡っていけるかな？」と問いかけているから，大人が何も言わなくても，子どもたちは踏んで歩き出します。優しい音楽と共に用意されたスカーフは「春風を表現するためには，あなたは私をどんなふうに動かしますか？」と問いかけているのかもしれません。

歩きたくなる形板の道

小林 ── もちろん，遊具がなくてもムーブメント活動はできるけど，遊具があれば，環境の問いかける力が増して，活動がどんどん広がりますね。

大橋 ── 「ユランコ」や「パラシュート」は，子どもたちが大好きな揺れの活動で活躍する遊具ですが，周りの人たちが持って揺らしてくれなかったら，ただの布で動きませんから，「みんなで持って揺らすと楽しいことができるよ」と大人も誘っているのかもしれませんね。

小林 ── 遊具がシンプルだからこそ，人と人をつなぐ働きも含んでいます。

大橋 ── ムーブメント遊具を活用していると，新聞紙とかタオルとか，他の日常にあるものも，うまく遊具として活用できるようになりますよね。

小林 ── そのとおり。シンプルで基本的な要素で作られているムーブメント遊具を活用することで，環境をアレンジする力がついていくんだろうね。遊具がリーダーも育てているわけです。

大橋 ── 学生たちがムーブメントに夢中になると，色々なものが遊具に見えてくるようで，「これで何か楽しいことできないかな」と何でも捨てられずに集めて来てしまうことがよくあります。ひどいときは，私の研究室のベランダがごみ屋敷みたいになったことがありました…(笑)。

小林 —— それは大変だ…（笑）。でも，学生たち，楽しそうだね。

大橋 —— 私自身，これだけやっていても，学生たちや保育者の新しい発想に，この遊具にこんな使い方があったのかと驚くことがあります。

小林 —— 組み合わせたり，対象に合わせたりで，使い方が無限に生まれてくるから，僕だって飽きないで考えますよ。

大橋 —— それから，私が小林先生に教わったことですが，ムーブメントの環境づくりのためには，遊具以上に，リーダーが自分自身の表情や声の大きさ，服装にも気を配るように…という心得があります。時には道化師（クラウン）のように演出しなさいと教えていただきました。

小林 —— リーダーがね，最も影響力のある環境として，自分自身の身体，存在をどう活かすか，どう演出するかという視点はとても重要なんです。子どもたちが喜ぶなら，僕は，道化師だってサンタだって，何にだってなりますよ。

リーダーはサンタにもピエロにもなれる

大橋 —— このことは，私は大学生との取り組みの中で強く感じました。学生たちは専門的な知識は不足していたかもしれませんが，純粋に活動を楽しもうとする気持ちが強く，そんな学生たちの存在そのものが子どもたちにとって誘引力のある環境であることに気づきました。そりゃあ，おせっかいに指導や支援をしてあげましょうと構えている大人より，ただ本気で遊んでくれるお兄さん，お姉さんのほうが魅力的ですよね。

小林 —— 確かに…（笑）。だから，私も常に子どもたちに負けないくらい，楽しむぞっと思って挑んでいます。家族参加型の実践を重視してきた理由もここにあって，お母さんお父さんが一緒に笑顔で参加してくれることが，子どもたちにとっては有効な環境づくりにつながるんです。

大橋 —— 人も環境，人こそ環境ですね。

関係性の中だからこそ育つ力

大橋 —— 　私たちが実施するムーブメント活動は，集団でのかかわり，関係性を重視していますが，フロスティッグ先生も，元から集団プログラムを大切になさっていたのですよね。

小林 —— 　はい。様々な子どもたちが共に学ぶための環境づくりに挑んでおられました。私がロサンゼルスのフロスティッグセンターを訪ねたとき，ちょうど，ある自閉症の子どもが初めてプログラムに参加していて，そのお母さんと話をさせていただいたのですが，色々な施設を巡ってここで6施設目だけど，ここが一番子どもに合っていると思う，なぜなら，集団の場から逃げることなく，他児とのかかわりがあるからと説明してくれました。

大橋 —— 　そのお母さんは，子どもが他の子どもと関係性を築くことができるという点をより重視されたのですね。

小林 —— 　フロスティッグは，一人ひとりの子どもを包みこむような受容的で温かな環境づくりを目指していて，様々な子どもがその場に居ることができるからこそ，かかわりが生まれていくのだ，かかわりの中でこそ子どもたちは育ち合うと考えていたのだと思います。

大橋 —— 　ムーブメント遊具が関係性づくりにも役立ちますよね。例えば，感覚過敏で手をつなぐことが苦手な子どもでも，フープやロープを使うことで，無理なく他者とつながって，活動の輪に入ることができます。

フープを使ってみんなで輪になる

小林 —— 　そうですね。ムーブメントの遊び環境が，違いのある子どもたちを無理なく包みこみ，その場に居る，共に居るということをまず可能にします。その中で，主体的に環境にかかわる者同士がさらに互いの環境として新たにかかわっていきます。そこに集団で行うムーブメント活動の魅力が詰まっていますね。

大橋 —— 　私自身も親子ムーブメントの実践を通して，お母さんたちの様

子を見ていると，自分の子どもが何かができるようになるかどうか…ということはもちろん大切だけど，それ以上に，他の子どもとのかかわりがあるということに重きを置いて続けて参加してくださっていると感じます。

小林 ── ムーブメントの活動を通して，少しずつ，そのような志向になっていったのかもしれません。僕がずっとかかわっている鹿島のムーブメントのグループもね，障害の種類や程度はそれぞれ違うんです。でも，幼い頃から違いのある子どもたちが一緒に楽しむことを参加する家族で共に考えて工夫して，みんなで築き上げてきたからこそ，長年続いているのだろうと思います。

大橋 ── みなさん，個々の家族の枠を超えて，お互いのことをよく解っておられますものね。鹿島のみなさんは，もう，大きな家族みたいです。

小林 ── 本当だね。ムーブメントで築き上げてきた関係性，その関係性の中で育ち合った子どもたちが今では，立派な青年になり，プログラムリーダーとして活動を担っています。

大橋 ── 素晴らしいですね。違いがあるからこそ育ち合う関係性と言えば，保育所の異年齢保育の活動として実施するムーブメントプログラムで，そのことをよく感じます。例えば，異年齢のチームで手をつないだまま形板の島渡りに挑戦する課題では，多動で乱暴な印象の5歳児が年下の仲間のことを配慮して何度もふりかえって声をかけたり，より歩きやすい易しいコースを選んで進んだりする姿に，先生方が驚き感心するということもあります。まさに関係性の中だからこそ見えてくる姿，育つ力だと感じます。

小林 ── パラシュートに乗って揺れを楽しむ活動でも，お座りが安定しない仲間を抱っこする役目になった子どもは，いつもよりしっかり自身の身体を支えて座位を保とうとします。仲間を想う気持ちがあって，そのための判断があって，実際に支える筋力があって実現することですね。

大橋 ── コロナ禍で日常のつながりが分断され続けてきましたが，だからこそ，他者と共に在り，互いに生きた身体を受けとめ，喜び溢れる協応的な活動の中で育ち合う場の意味をあらためて追求していきたいですね。

幸せな遊びの場に生まれる好循環

大橋 ―――　私が，初めてムーブメント教室に参加したのは，2000年の五月晴れの日で，よいこの保育園（東京都大田区）を訪問したときです。その日は，たまたま河川敷のプログラムで，私が到着したときには，土手すべりを楽しんでいました。佐々木正寛園長先生が「ラッキーですね，今日はムーブメント教育の第一人者，小林教授が来られていますよ」と笑顔で迎えてくださいました。場の活気に圧倒されつつ，「大学教授」らしき人を探している私の前に，子どもを抱いて土手を滑り落ち，どろんこで草がいっぱいついたおじさんが近づいてきて，「やぁ，いらっしゃい！　一緒にやりましょう！」と手を伸ばしてくださいました。

小林 ―――　あはは，僕は草だらけでしたか…（笑）。

大橋 ―――　はい。その後，私は一気に吸い寄せられるように夢中で活動に参加して，気がつくとみなさんと一緒にパラシュートを持って笑顔で歌っていました。この日の衝撃は，今でも鮮明に覚えています。その後もずっと，この自分自身がムーブメントの場に温かく包みこまれた体験が私の原点になっているように思います。

よいこの保育園ムーブメント教室（河川敷にて）

小林 ―――　幸せな体験だったんですね？

大橋 ―――　はい，とても。

小林 ―――　親子もスタッフもどんな人でも，最初は，仲間がつくってきた幸せなムーブメントの遊び環境に包まれ，受け入れてもらう体験から始まりますからね。

大橋 ―――― 　私自身が受け入れてもらえた幸せな場への感謝とそのような場を存続させたいという願いがこれまで私の原動力になってきたのかもしれません。

小林 ―――― 　幸せなムーブメントの場をつないでいきたいという気持ちが原動力になっているという点では，先に紹介した鹿島のグループの発展も，やはり素晴らしい。幼い頃からムーブメントの実践の中で育ち合った障がい児たちが今では青年に成長し，プログラムの実践者として，幼い後輩たちの活動を支えているんです。場を担っていくことの誇りと喜びをもって取り組んでいます。そして，そのお母さん方も，若い母親たちを応援しているんです。僕は「ゆっくり，楽しく」がモットーなのですが，ムーブメント活動が地域で「ゆっくり，楽しく」継続していくことで，無理なく育っていく大きな力があることを証明してくれています。

大橋 ―――― 　ムーブメントによる遊びの場への感謝が次の場を担う主体的な姿勢につながっていくのですね。大学で学生主体の活動に参加した学生たちにも同じようなことを感じます。

小林 ―――― 　ムーブメント教室の活動そのものが「遊びの場を共につくる」展開だから，場を担い合う体験を重ねる中で，互いに認め合いながら成長したんだろうね。

鹿島のムーブメントグループ

大橋 ―――― 　最初は先輩や友人に誘われて参加した学生たちが，幸せな場に巻きこまれたことへの感謝や活動そのものへの敬意を示し，次第に仲間と協力しながら主体的に場を担うリーダーとして成長していったようです。卒業後も福祉や教育の現場や地域で遊び活動を担っていたり，親となり自身の子育てを積極的に楽しんでいたりする様子を知ると嬉しくなります。

小林 ―――― 　ムーブメントの場の恩恵を受けて幸せになった人たちが，幸せな場をつなぎたいと願い，新しく生まれた遊びの場が，また新しい誰かを包みこんで幸せにする。まさに，ムーブメントの遊びの場が生み出す好循環ですね。

夢とやさしさを未来へつなぐ

大橋 ── さて，この対談の最後に，コロナ禍の中，旅立たれてしまった
お二人の先生を偲びながらお話しをさせていただきたいと思いま
す。お一人目は，特定非営利活動法人日本ムーブメント教育・療
法協会の事務局長・理事であられた佐々木正寛先生です。2021
年3月にご逝去されました。私たちの活動をずっと支え育ててく
ださった大切な方です。

小林 ── 私と佐々木先生との出逢いは，出版を通してなんです。佐々木
先生は，大手の出版社の児童本を中心に多くの専門書を編集され
ていて，私が子どもに関連する記事や原稿を執筆する機会があり，
それが縁で先生との親交が深まりました。そして，『障害児のムー
ブメント教育－原理と指導の実際』（フレーベル館，1981）の発
刊が実現しました。

大橋 ── 佐々木先生は出版に携わる立場からムーブメント教育の可能性
を見抜いておられたのですね。

小林 ── はい。佐々木先生もフロスティッグ博士の理念に共感され，「必
ずこれからの日本の教育に必要になる」，「とりわけ障害のある子
どもやその家族を支える学問になる」と励ましてくださいました。

大橋 ── 私にとっては，佐々木先生は，よいこの保育園の『園長先生』
です。佐々木先生からいただいた資料に，「よいこの保育園の親
子ムーブメント教室」は，1988年から始まったと記されていました。

小林 ── そうですね。出版社を退職して，奥様の了子先生が引き継がれ
た保育園の園長に就任されてからは，より一層，活動の普及に向
けて尽くしてくださいました。よいこの保育園は，親子参加型の
ムーブメント活動の拠点となりました。

大橋 ── 先ほどお話ししたように，私自身のムーブメント教育との出逢
いは，よいこの保育園の土曜教室を訪問したことにあります。電
話で問い合わせした際，了子先生が「ぜひいらっしゃい，待って
いますよ」とやさしく答えてくださいました。当日は遅れてしまっ
た私を心配して，佐々木先生は土手の上まで迎えに来てくださっ
て，笑顔で迎え入れてくださり，そして，小林先生の元に導いて

くださったのです。私のように，多くの実践者や親子が，佐々木先生ご夫妻によってムーブメントに出逢ってきたのだと思います。

小林 ——— よいこの保育園のムーブメント教室は，リーダーたちの研修の場でもありましたね。

大橋 ——— はい。私にとって，とても贅沢な研鑽の時間でした。そして，その全てを佐々木先生が見守り支えてくださっていました。

小林 ——— 僕にとっては，さらに，佐々木先生によって大事な方々との出逢いがありました。特に，「大島の分類」で有名な大島一良先生は，よいこの保育園の理事会等で頻繁にお会いできるようになりました。交流を深めながら，重症心身障害の子どもたちのための実践について，率直に意見交換を重ねました。

大橋 ——— 大島先生は，日本ムーブメント教育・療法協会の初代会長の方ですね。

小林 ——— そうです。日本のムーブメント教育の研究，実践，普及，啓蒙活動の発展に向けて，勇気づけてくださいました。

大橋 ——— 私がよいこの保育園で研修を始めた頃には大島先生は既にお亡くなりになっていたのですが（1998年没），佐々木先生が大島先生の残されたことばを何度も伝えてくださりました。それは，「大きな目標達成のためには，10年や20年先ではなく，300年，500年先を展望した計画を立てなさい」というものです。

小林 ——— そうですね，そんな話をされていましたね。

大橋 ——— それで，佐々木先生は，ちょっと苦笑いしながら「300年とか500年先とか言われると，えぇ～と思うけどねぇ」と続けて，「でも，100年とか，せめて50年先くらいまでのことは考えねば…と思ってやってますよ」と，「次世代への夢の懸け橋」としての自身の使命感を話してくださいました。あの頃の未熟な私には，何度も同じ話をされる先生の想いを十分に受けとめることができていなかったのだと反省しますが，今，あらためて，佐々木先生に教えていただいたことを大切につないでいきたいと考えています。

小林 ——— 僕もね，佐々木先生とはおいしいお酒を一緒に嗜みながら，語り合ったことを懐かしく思い出しています。佐々木先生は，いつも熱い想いで子どもたちや家族の幸せを希求しておられました。

大橋 ——— 私たちが佐々木先生を失った悲しみが癒えないうちに，2022

年11月には，仁志田博司先生（東京女子医大名誉教授）の訃報が届きました。

小林 —— 仁志田先生とは，不思議にいくつかのご縁もあって，大島先生の後，二代目の協会会長になっていただいた方です。

大橋 —— 私がムーブメント教育の実践研究に取り組んでから，最初に執筆を分担させていただいた書籍が仁志田先生監修の『医療スタッフのためのムーブメントセラピー』（メディカ出版,2003）でしたので，その中で，仁志田先生が未熟児・新生児医療で「やさしさ」を大切にしておられること，そして，そのためにムーブメントに期待を寄せていることを知り，感銘を受けたのをよく覚えています。

小林 —— 乳児死亡率，新生児死亡率ともに，世界的に見て日本は有数の低率国で，仁志田先生はこの新生児医療の分野で大きな功績を残された方です。同時に，ご自身の医療での挑戦の中でかかわった親子の実態を通して，赤ちゃんが無事に生まれ育つ国になったけれども，日本の子どもたちは本当に幸せなのか？ と問い続けておられました。

大橋 —— 低出生体重児には，脳性麻痺や知的障害のリスクもありますし，身体面，知能面に障害が残らなくても心の育ちに不安があったり，母子関係に問題があったりすることが明らかになってきて，そのような問いが生まれてきたのだと話されていました。

小林 —— そうです。訓練として一方的に教えるという方法とは違って，相互作用を大切にした「やさしさ」によって包まれる療育実践が必要だと考えておられて，ムーブメントはぴったりだと評してくださいました。ムーブメントが，子

医療現場におけるムーブメントの活用

どもに快適な刺激を与えることで発達を促す方法であると同時に「やさしさ」を育むことも期待できると語ってくださいました。僕たちが大切にしてきたことを，仁志田先生が「やさしさ」ということばで表してくださったんだなと感じて嬉しかったですね。

大橋 ——　2010年に，和光大学で「子どもを育む『環境』の力」と題した公開シンポジウムを小林先生と私で企画したとき，仁志田先生は快くシンポジストを引き受けてくださいましたね。子どもにあたたかい心を育む環境の大切さについて語り合っていただきました（仁志田・小林他，2011）。実を言うと，あの頃は，私は2人目を出産した直後で，子育てと仕事の両立に疲れ果てていましたので，仁志田先生のお話にとても励まされました。

小林 ——　そうか～。一人の母親として心に響いたのですね。

大橋 ——　はい，とても。仁志田先生は，万葉集の中にある「わが子羽含め天の鶴群」という歌を引用されて，子どもを育てる，育むという日本語のことばは，親鳥がひたすら卵を抱く姿にある，それが日本の子育ての原型だと語っておられました。あのときは先生のことばが身に染みました。

小林 ——　「人間は一人では生きていけない生物であり仲間と共に生きる社会的存在である」，「私たちは一人ひとりが異なった存在なのに根源的にはつながっている」という話も大事にされていました。新生児医療の現場で多くの赤ちゃんの命を救ってこられた仁志田先生が，日本の子どもの幸せを問い続け，その中で大切にしてきた「やさしさ」について，先生を偲びながら，あらためて考えています。仁志田先生が私たちのムーブメント教育にかけてくださった期待に，今後もしっかり応えていきたいと思います。

大橋 ——　フロスティッグ博士がムーブメント教育の中で掲げた理想，佐々木先生や仁志田先生が私たちに残してくださった想いを未来につなぐことに，私も少しでも尽力できればと思っています。そのことが，きっと，日本の子どものウェルビーイングの実現に役立つのだと信じています。

参 考 引 用 文 献

- 尼ヶ崎彬（1990）『ことばと身体』, 勁草書房.
- タル・ベン・シャハー（Tal Ben-Shahar）（2021）*Happiness Studies: An Introduction*. Palgrave Macmilla.
- 文化庁地域文化創生本部（2022）「文化に関する世論調査 —ウェルビーイングと文化芸術活動の関連— 報告書」, https://www.bunka.go.jp/tokei_hakusho_shuppan/tokeichosa/pdf/93714701_02.pdf
- ブレイディみかこ（2019）『ぼくはイエローでホワイトで, ちょっとブルー』, 新潮社.
- Frostig,M.（1970）*Movement Education : Theory and Practice*, Follett Publishing Company. 小林芳文（訳）（2007）『フロスティッグのムーブメント教育・療法』, 日本文化科学社.
- Frostig,M. & Maslow, P.（1973）*Learning Problems in the Classroom*, Grune & Statton, Inc. 茂木茂八・安富利光（訳）（1977）『教室における個々に応じた指導』, 日本文化科学社.
- Frostig,M.（1976）*Education for Dignity*. Grune & Stratton, Inc.（伊藤隆二・茂木茂八・稲浪正充（訳）（1981）「人間尊重の教育−科学的理解と新しい指針−」, 日本文化科学社.）
- 藤原成（2020）『「よりよい生存」ウェルビーイング学入門』, 生存科学叢書.
- 浜田寿美男（2023）『「発達」を問う 今昔の対話 制度化の罠を超えるために』, ミネルヴァ書房.
- 春原憲一郎編（2010）『わからないことは希望なのだ−新たな文化を切り拓く15人との対話』, アルク.
- Helliwell, J. F., Layard, R., Sachs, J. D., De Neve, J.-E., Aknin, L. B., & Wang, S. (Eds.). (2023). World Happiness Report 2023. New York: Sustainable Development Solutions Network.
- イアコボーニ, M（著）, 塩原通緒（訳）（2009）『ミラーニューロンの発見：「物まね細胞」が明かす驚きの脳科学』, 早川書房.
- 生田久美子（1987）『「わざ」から知る』, 東京大学出版.
- 石井遼介（2020）『心理的安全性のつくりかた』, 日本能率協会マネジメントセンター.
- 小林芳文（2001）『LD児・ADHA児が蘇る身体運動』, 大修館書店.
- 小林芳文（2004）「健康と幸福感を支える『ムーブメント教育学』を立ち上げて」, 発達教育2月号, 32-34.
- 小林芳文（2005）『MEPA-R ムーブメント教育・療法プログラムアセスメント（Movement Education and Therapy Program Assessment-Revised）』, 日本文化科学社.
- 小林芳文（編）（2006）『ムーブメント教育・療法による発達支援ステップガイド−MEPA-R実践プログラム−』, 日本文化科学社.
- 小林芳文・大橋さつき（2010a）「和光大学から発信するムーブメント教育・療法の軌跡と展望」, 「東西南北2010」, 和光大学総合文化研究所, 99-113.
- 小林芳文・大橋さつき（2010b）『遊びの場づくりに役立つムーブメント教育・療法 −笑顔が笑顔をよぶ好循環を活かした子ども・子育て支援』, 明治図書.
- 小林芳文・大橋さつき・飯村敦子（2014）『発達障がい児の育成・支援とムーブメント教育』, 大修館書店.
- 小林芳文・藤村元邦・飯村敦子他監修・著（2014a）『MEPA- Ⅱ R：Movement Education and Therapy Program Assessment- Ⅱ Revised』, 文教資料協会.
- 小林芳文・藤村元邦・飯村敦子他監修・著（2014b）『障がいの重い児（者）が求めるムーブメントプログラム−MEPA−(Ⅱ)Rの実施と活用—』, 文教資料協会.
- 鯨岡峻（2002）〈共に生きる場〉の発達臨床, 鯨岡峻編著『〈共に生きる場〉の発達臨床』, ミネルヴァ書房, 1-28.
- 前野隆司（2019）『幸せな職場の経営学』, 小学館.
- 前野隆司 前野マドカ（2022）『ウェルビーイング』, 日経文庫.
- 前野隆司（2022）『ディストピア禍の新・幸福論』, プレジデント社.
- 松本千代栄（1987）（特別講演）おどり・つくり・みる, 「女子体育」29（3）, 7-12.
- 松本千代栄（1988）ダンスの学習理論, 『ダンス表現学習指導全書』, 大修館書店, pp.3-103.
- 明和政子（2019）『ヒトの発達の謎を解く』, ちくま新書.
- 文部科学省（2022）永岡桂子文部科学大臣記者会見録（令和4年9月13日）, https://www.mext.go.jp/b_menu/daijin/detail/mext_00300.html.

- 中島晴美（2023）『ウェルビーイングな学校をつくる―子どもが毎日行きたい，先生が働きたいと思える学校へ』，教育開発研究所．
- 仁志田博司・小林芳文他（2011）「子どもを育む『環境』の力」，和光大学総合文化研究所年報「東西南北2011」，4-34．
- OECD（2019）Leaning Compass 2030　https://www.oecd.org/education/2030-project/teaching-and-learning/learning/
- 大橋さつき（2008）『特別支援教育・体育に活かすダンスムーブメント～「共創力」を育み合うムーブメント教育の理論と実際』，明治図書．
- 大橋さつき（2018a）『発達障がい児を育む「創造的身体表現遊び」の実証的研究』，多賀出版．
- 大橋さつき（2018b）「異なるもの同士が共に遊ぶことの意義と課題」，和光大学現代人間学部紀要（11），91-106．
- 大橋さつき（2021）「「創造的身体表現遊び」を活かした舞台創作における発達障がい児の向社会的行動」，日本発達障害学会 第56回研究大会．
- Ohashi,S.（2019）Significance of the Inclusive Stage Performance Project：Focusing on the Sense of Well-Being of Mothers of Pre-School Children，The 20th Pacific Early Childhood　Education Research Association Conference（Taipei, Taiwan）．
- 大橋さつき・袴田優子・庄司亮子・小林芳文（2024）「保育所による子育て支援の強みに関する研究―つながりづくりを目指したムーブメント遊びの実践を通して―」，保育科学研究第13巻，67-82．
- 大崎惠子・新井良保（2008）「家族支援に生かしたムーブメント法の活用事例―17年間に渡るMEPA-IIの記録を通して」，児童研究87，21-29．
- リゾラッティ，G.・シニガリア，C.（著）・柴田裕之（訳）・茂木健一郎（監修）（2009）『ミラーニューロン』，紀伊國屋書店．
- Rogoff, Barbara（2003）*The cultural nature of human development*, Oxford University Press Inc. 當眞千賀子（訳）（2006）『文化的営みとしての発達 個人，世代，コミュニティ』，新曜社．
- 佐伯胖（2014）．「そもそも『学ぶ』とはどういうことか：正統的周辺参加論の前と後」，組織科学，48(2)，38-49．
- 最首悟他（2017）「共に遊び共に生きる―地域と大学の連携による実践から考える―」和光大学地域連携センター主催公開シンポジウム（2017年10月22日実施）配付資料．
- 佐々木正人（1994）『アフォーダンス：新しい認知の理論』，岩波科学ライブラリー．
- マーティン・セリグマン（Martin E. P. Seligman）（著）・宇野カオリ（訳）（2014）『ポジティブ心理学の挑戦"幸福"から"持続的幸福"へ』，ディスカヴァー・トゥエンティワン．
- 清水博（2003）『場の思想』，東京大学出版会．
- 白井俊（2020）『OECD Education2030プロジェクトが描く教育の未来』，ミネルヴァ書房．
- 内田樹（2008）『街場の教育論』，ミシマ社．
- 内田樹（2022）『複雑化する教育論』，東洋館出版社．
- 内田由紀子（2020）『これからの幸福について：文化的幸福観のすすめ』，新曜社．
- 内田由紀子（2021）「こころの文化：コロナ禍の幸福と芸術の役割を考える」，CEL：Culture, energy and life 127, 20-25．
- 内田由紀子（2022）「子どものウェルビーイングのために」，月刊高校教育55(4)，39-41．
- 梅澤秋久・苫野一徳（2020）『真正の「共生体育」をつくる』，大修館書店．
- 梅澤秋久（2022）「ウェル・ビーイングと体育」，体育科教育9月号，16-19．
- ヴィゴツキー，L.S.（1989）子どもの心理発達における遊びとその役割，ヴィゴツキー他（著）神谷栄司（訳）「ごっこ遊びの世界―虚構場面の創造と乳幼児の発達」，法政出版，2-34．
- ヴィゴツキー，L.S. 土井捷三・神谷栄司（訳）（2003）『「発達の最近接領域」の理論：教授・学習過程における子どもの発達』，三学出版．
- 渡邊淳司・ドミニク・チェン（2020）『わたしたちのウェルビーイングをつくりあうために』，ビー・エヌ・エヌ．
- 渡邊淳司・ドミニク・チェン（2023）『ウェルビーイングをつくりかた 「わたし」と「わたしたち」がつなぐデザインガイド』，ビー・エヌ・エヌ．
- 山極寿一（2020）『スマホを捨てたい子どもたち』，ポプラ社．

おわりに

― 今，あらためて問う「集い遊ぶこと」の意味 ―

　20年以上前から様々な現場で，ムーブメント教育を基盤に，遊びの場づくりの実践に取り組んできました。人の輪と活動の場に恵まれ，次々に発展していく勢いの中で，どこかで「当たり前」にずっと続くことだと思っていたのかもしれません。2020年，新型コロナウイルス感染症の大流行により，突然に活動の場を奪われたとき，私は，自分にできることが無くなってしまった…と無力感にさいなまれました。しかし，それは同時に「不要不急」というカテゴリーに分類されてしまった「集い遊ぶこと」の意味を，強く問い続けるきっかけでもありました。

　未曾有のウイルスとの闘いは長期戦となり，その後も様々な制限が続きましたが，想いを共にする方々と協力して，工夫を凝らし子育て支援や障がい児支援の現場で活動を再開していきました。急速な変化の中，価値の転換が迫られて思うようにならない毎日でも，できる最大限のことを考えて私たちが成し遂げてきたことは何なのか，困難な状況にあっても，守りぬきたいこと，譲れないことは何のか…，コロナ禍だからこそ，変えたくない「本質」が浮き彫りになり，変わり続けるがゆえに変わらない大切な「核」に気づいていきました。子どものウェルビーイングの実現に向けてムーブメント教育が果たし得る役割は何なのか，人々が「集い遊ぶこと」にはどんな価値があるのか…，今直面している危機は，その本質的な「問い」について考えるチャンスなのかもしれない…，そう思ったときに，既にこの本は生まれていたのかもしれません。

　本書の第一稿を書き上げた後，大学施設の感染対策もかなり緩んできたところで，コロナ禍で問い続けた「集い遊ぶこと」の意味について，地域の方々と共に語り合う場を設定したいと願い，大学と地域の連携による催しを企画しました。2023年11月に開催した公開セミナーには，久々に，親子，地域の子育て支援や教育，保育にかかわる方々等，大勢が集いコロナ前の賑わいが戻りました。特に，親子遊びのプログラムでは，子どもも大人も2時間近く

210

動いて遊びぬき，熱気溢れる場が実現しました。

　私は，これまでの活動を通して，豊かな遊びの場を継続していると，その
コミュニティーの中で大人の連帯感が増し，「私の子」から「私たちの子へ」
という構えの変化が起こり，全ての大人たちで子どもを包みこんでいくよう
になると感じてきました。しかし，この日は，全身で遊び，嬉々とした表情
を見せている大勢の子どもたちの弾けるようなパワーに圧倒され，次第に癒
され，優しい微笑みになって活気づいていく大人たちの変化に気づきました。
子どもの笑顔が生み出す場の空気がコロナ禍で固くなっていた大人たちの心
身を包みこんで溶かしてくれたような感覚です。正直に言えば，久々の実施
で学生たちも経験が不足しており，私自身も大人数を対象にした実践をリー
ドする勘が鈍っていて要領が悪くなっているな…と反省するところが多々あ
りました。それでも，「子どもも大人もこんなに笑っているよ…。あぁ，幸せ！
これでいいのだ！」とその場で何度も幸せを感じ，素直に喜ぶことができた
一日でした。記録の写真を整理しながら，さらにたくさんの笑顔に出会って，
また幸せな気持ちになりました。そして，余韻に浸りつつ，フロスティッグ
博士が掲げたムーブメント教育の中心的な目標：かかわる全ての人たちの「生
命および人間の尊厳を前提とした健康と幸福感（Health and a Sense of Well-
being)の達成」について深く考え，引き続き，本書に想いをこめて仕上げました。

　本書の完成にあたり，あらためて，監修者の小林芳文先生とムーブメント
教育との出逢いに深く感謝いたします。五月晴れのあの日，パラシュートムー
ブメントの輪に笑顔で誘ってくださったときから，これまでずっと，温かく
力強く導いてくださいました。先生と語り合った時間がこの本を確かに形づくっ
ていきました。
　また，本書で紹介している実践活動は，和光大学や地域施設との連携によ
り実現したものです。大学職員，連携先のスタッフのみなさまのご理解とご
協力に，この場をお借りして御礼申し上げます。なお，活動の一部は，JSPS
科研費（課題番号：23730868，25350948，17K01644，21K11562），および，
公益財団法人前川財団2019年度，2020年度家庭・地域教育助成，社会福祉法
人日本保育協会令和5年度保育科学研究の助成を受けて実施されたことをここ
に報告させていただきます。
　そして，これまで共に遊びの場をつくってくれた子どもたちとご家族，学
生たちとの大切なつながりに感謝いたします。みなさんとの出逢いがなければ，

本書は完成しませんでした。一人ひとりの笑顔を思い浮かべながら，一人ずつにありがとうの気持ちを伝えたいと思います。

　大修館書店編集部の川口修平さんには，本書の企画段階から真摯な姿勢でご支援いただきました。的確なアドバイスを聞きながら，以前，『発達障がい児の育成・支援とムーブメント教育』（大修館書店，2014）の出版でお世話になったとき，本と一緒に書き手を育ててくださる編集のプロだと感じ必死に挑んだ記憶が蘇ってまいりました。この度，本書を世に送り出すことができ，再びのご縁に心より感謝申し上げます。加えて，編集担当の酒井志百里さんにも継続的にきめ細かなサポートをいただきました。原稿を提出する度に最初の読者として心温まるメッセージをいただき，隅々まで気を配ってくださるお仕事ぶりに，何度も励まされました。最後の最後まで根気強くお世話いただき，ありがとうございました。

　ここには書き尽くせませんが，本書の完成にお力添えくださった全ての方々に深く感謝申し上げます。

　最後に，私事ですが，今年2月に急逝した父への想いを綴ります。思春期の頃から自分勝手な父が家族を振り回すのが嫌で随分意見したものです。歳を重ねても人生を楽しむ力は衰えることなく，周りが呆れるほどに好奇心旺盛で無邪気な遊び人，まさに青年のような高齢者でした。突然の知らせを受けた方々が77歳での別れは少し早すぎたと嘆きつつも，口を揃えて「でも，後悔はないでしょう」と父の生き様を評してくださることに，あらためて感動を覚えました。7人の孫をはじめ，子どもにとても好かれるじいじでした。みんなが集まってわいわいと楽しんでいる場が好きな人でした。葬儀に飾る写真を選んでいるとき，子どもたちと一緒に映る父の眼差しがあまりに優しくて幸せそうで涙が止まりませんでした。子どもの頃から私の喜びを私以上に，私の何倍も喜んでくれた父でした。きっとこの本のこともとても喜んでいると思います。子どものウェルビーイング向上を願って書き上げたこの本を亡き父に捧げ，彼の愛しみ楽しみぬく力を引き継ぎたいと思います。

2024年　五月礼讃　　大橋さつき

著者紹介

· ·

監修

小林 芳文
コバヤシ ヨシフミ
（9章対談）

横浜国立大学・和光大学名誉教授。NPO法人日本ムーブメント教育・療法協会会長。教育学博士（東京大学）。
著書：『運動・遊び・学びを育てるムーブメント教育プログラム100』（大修館書店，2021），『子どもたちが笑顔で育つムーブメント療育』（クリエイツかもがわ，2020），『フロスティッグのムーブメント教育・療法 理論と実際』（訳）（日本文化科学社，2008），『ムーブメント教育・療法による発達支援ステップガイド』（日本文化科学社，2006），『LD児・ADHD児が蘇る身体運動』（大修館書店，2001）ほか多数。

著者

大橋 さつき
オオハシ サツキ

和光大学現代人間学部人間科学科教授。博士（学術，お茶の水女子大学）。専門は，身体表現論，舞踊教育学，ムーブメント教育。保育・幼児教育，子育て支援，障がい児支援等の現場で，身体表現や創造的な遊び活動によるプログラムの実施及びスタッフ研修を展開。共生・共創をめざした舞台づくりへの挑戦も継続中。
著書：『発達ムーブメント障がい児を育む「創造的身体表現遊び」の実証的研究』（多賀出版，2018），『発達障がい児の育成・支援と教育』（大修館書店，2014），『遊び場づくりに活かすムーブメント教育・療法』（明治図書，2010），『特別支援教育・体育に活かすダンスムーブメント』（明治図書，2008）ほか。

子どものウェルビーイングとムーブメント教育

©Yoshifumi Kobayashi, Satsuki Ohashi, 2024　　　　　NDC378/xvi, 213p/21cm

初版第1刷 ──────── 2024年6月10日

著者 ──────────── 大橋さつき
監修者 ─────────── 小林芳文
発行者 ─────────── 鈴木一行
発行所 ─────────── 株式会社 大修館書店
　　　　　　　　　　　〒113-8541 東京都文京区湯島2-1-1
　　　　　　　　　　　電話03-3868-2651（営業部）03-3868-2299（編集部）
　　　　　　　　　　　振替00190-7-40504
　　　　　　　　　　　[出版情報] https://www.taishukan.co.jp

装丁・組版 ──────── 島内泰弘（島内泰弘デザイン室）
本文イラスト ─────── 吉橋桜
編集協力 ───────── 錦栄書房
印刷所 ─────────── 横山印刷
製本所 ─────────── ブロケード

ISBN978-4-469-26987-1　Printed in Japan